让每一个孩子都成为爱迪生

爱迪生

创意思维游戏精选

张蓉 著

台海出版社

图书在版编目（CIP）数据

爱迪生创意思维游戏精选 / 张蓉著. —北京：台海出版社，2018.6

ISBN 978-7-5168-1905-0

Ⅰ.①爱… Ⅱ.①张… Ⅲ.①智力游戏 Ⅳ.①G898.2

中国版本图书馆CIP数据核字（2018）第099822号

爱迪生创意思维游戏精选

著　　者：张　蓉

责任编辑：王　萍　　装帧设计：仙　境

版式设计：曹　宝　　责任印制：蔡　旭

出版发行：台海出版社

地　　址：北京市东城区景山东街20号　邮政编码：100009

电　　话：010-64041652（发行，邮购）

传　　真：010-84045799（总编室）

网　　址：www.taimeng.org.cn/thcbs/default.htm

E-mail：thcbs@126.com

经　　销：全国各地新华书店

印　　刷：玉田县昊达印刷有限公司

本书如有破损、缺页、装订错误，请与本社联系调换

开　　本：880mm × 1230mm　　1/32

字　　数：191千字　　印　　张：8

版　　次：2018年8月第1版　　印　　次：2018年8月第1次印刷

书　　号：ISBN 978-7-5168-1905-0

定　　价：39.80元

前言

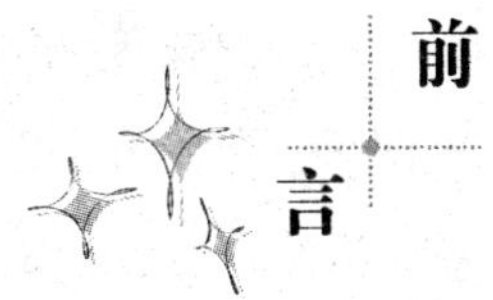

说起“发明大王”爱迪生，想必大家都不陌生。那么，大家知道爱迪生的第一次发明是在什么时候吗？没错！就在他的童年时期。

当时，爱迪生还很小，经常去邻居家的碾坊玩。一天，爱迪生在碾坊中看见有人在用一个气球做一种飞行装置实验，这个实验瞬间就吸引了爱迪生，让他觉得十分有趣。于是，爱迪生就想：要是人的肚子里充满了气，是不是也会一飞冲天呢？有了这样的想法后，爱迪生在接下来的几天就开始混合各种化学原料，制成“飞行剂”，拿给别人试吃。结果，有人吃了爱迪生配制的“飞行剂”后几乎昏厥过去。虽然这次实验失败了，但是并没有打消爱迪生的积极性。从这之后，他开始了不断实验、不断失败、不断创新的一生，创造出了许多伟大的发明。

我们每个人也是如此，曾经有着无穷的好奇心，层出不穷的新奇想法，想要探知这个绚丽多彩的世界，但是，因为我们没有爱迪生那样敢于实验的勇气，所以才会让自己成为一个乏味、平庸的人。既然如此，我们何不向爱迪生学习，在心中种下一颗“好奇”的金种子，去激发对科学探索的兴趣，让自己成为一个勇于创新，能够用创新思维去思考问题、解决问题的人呢？

当然，也有人说了："我们毕竟不是爱迪生，不知道怎么做实验啊！"没关系！为了方便读者朋友们培养自己的创新思维，编者就编写了这本书——《爱迪生创意思维游戏精选》。这本书由专业人员把关审核，并亲自动手进行实验验证，使科学理论更加规范，集科学性、趣味性、实践性、艺术性为一体，称得上是一本让孩子乃至成人都爱不释手的科学实验游戏书籍！

本书共分为八个章节，分别从天气、空气、水、声音、电与磁、力学、光、化学等生活常识着手，打破传统的书籍模式，不再是一味地照本宣科，而是用有趣的实验代替枯燥的文字叙述，精心筛选了120个创新小游戏，引导读者朋友们去亲自动手做，在做实验的过程中走进科学，理解物理学、化学、生物学、天文学和气象学的基本原理，对新问题进行思考，从而锻炼培养发散性思维和创意性思维。

如果读者朋友们认真地阅读了本书，并亲手尝试了一些小实验，你就会发现喝可乐时打的嗝、迎风飘飞的风筝、树上落下的苹果等都是科学，它们时时刻刻存在于我们的生活中。同时，你还培养了自己的创新思维和意识，让自己获得了成功的喜悦，激发了自信心。

所以，现在，就在此刻，请阅读本书吧！它会带给你们一次次无比新奇的科学体验之旅，让你们沉浸在科学的探索中的同时改变着你的思维。或许一开始的时候，你的思维只会发生很小的变化。但是，你要相信，只要你勤加练习，你的思维会越来越开阔、越来越敏锐，会有越来越多的灵感、点子涌现在你的脑海中！

目录

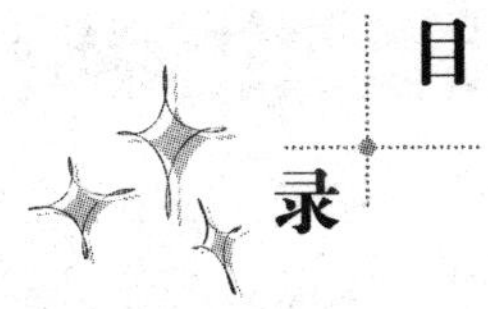

Part 1 每日天气早知道：教你了解天气的形成过程

Part 2 神秘莫测的空气：教你悄悄感受空气的力量

Part 3 清澈怡人的水：你不知道的关于水的许多古怪脾气

Part 4 走近光影天地：缤纷变化的色彩中蕴藏无穷乐趣

Part 5 穿越电和磁：火花四射般的魔幻电磁

Part 6 力与运动的“较量”：旋转跳跃不停歇

Part 7 “调皮”的声音：玩转声音的奇妙游戏

Part 8 神奇的化学：物质之间的变化无常

Part 9 聆听大自然的呐喊：与自然万物一起成长

Part 10 有趣的生活实验：来自于身边的点滴启示

Part 1

每日天气早知道：教你了解天气的形成过程

“朝雾晴，晚雾阴；朝雾不收，细雨淋淋。”“天上鱼鳞斑，晒谷不用翻。”“南闪火开门，北闪有雨临。”……看到这些谚语是不是觉得非常熟悉呢？没错，这就是人们在千百年的生活中积累的关于天气预报的生活经验。这些谚语虽然看着简单，但是里面却有一些专业词汇，比如“鱼鳞斑”“南闪”“朝雾”等。如果我们不深入地了解每种天气的特点，对天气状况只是一知半解的话，那么，光凭记忆力是很难记住这些谚语的，也很难理解天气的变化过程。所以，不妨来学习一下各种天气的形成过程和特色吧，这样才能让我们成为名符其实的“天气通”！

天气是怎么形成的

今天，小刚和家门口的小伙伴们相约去游乐场玩，所以他早早地就起来了。在小刚即将出门的时候，小刚的妈妈将他叫住了，说天气预报今天会下雨，让他带把伞。但是，小刚看着窗外的大太阳，压根儿不相信妈妈的话，于是没带伞就溜出了门。

小刚和小伙伴们在游乐场玩得十分开心，感觉天气很热，于是就去买了一瓶冰镇可乐，计划接下来去玩云霄飞车和碰碰车。就在他们一边喝着可乐，一边在云霄飞车那里排队的时候，原本炙热得如火般烤的天气突然刮起了大风不说，还被层层乌云遮盖，没多久就下起了大雨。小刚和小伙伴们只好找了一个能遮挡的地方避雨。

在躲雨的时候，小刚想起了早上出门时妈妈说过的话，顿时觉得“天气”是一个非常神奇的东西：明明前一秒还是晴朗的天气，怎么瞬间就下起雨来呢？亲爱的读者朋友们，你能帮小刚解答这个问题，告诉他各种各样的天气现象是如何形成的吗？

在解答这个问题之前，我们先来了解一下什么是天气。所

谓天气，就是指某一个地方距离地表较近的大气层在短时间内产生的具体状态，有气温、气压、湿度、风、云、雾、雨、闪、雪、霜、雷、雹、霾等不同的天气现象。之所以会有各种各样的天气变化，就是因为大气在不停地运动，不同的气温、气压会产生不一样的天气现象。

文中小刚看到的天气变化非常快，感觉从晴朗的天气到下雨不过是“瞬间”的事情，实际上的天气变化时间却比这久得多。大气中有冷气团和暖气团，当它们相遇时，温度不会互相抵消，反而会形成几公里长的锋。锋的出现就意味着天气要发生变化了。

一般冷锋会推着暖气团上升，暖锋会将冷气团推向前方。但是，因为冷锋移动得快，而暖锋前进的速度则比较慢，所以，当寒冷的极地气团和暖热的热带气团相遇时，就会出现“极锋”。暖空气进入冷空气后，在上升的过程中不断冷却，最后就形成了低气压。同时，暖空气中的水蒸气会冷凝成水，以雨雪的形式降落到地面上来。

与低气压相对的就是高气压了。高气压一般是通过空气冷却形成的。空气冷却下降后，随着气压的升高，下层空气的密度和温度都会升高。由于空气下降升温，空气中含有的水分会受热蒸发，所以就会产生一个温暖干燥、万里无云的天气现象。

小刚早上出门时看到的晴朗的天气，就是在高气压的影响下形成的。到了下午，因为暖空气的上升，形成低气压，将暖空气中的水蒸气凝结成水，所以出现了下雨的天气。

测一测雨量的多少

欢欢是一个四年级的小学生，跟着爷爷奶奶一起生活。因为爷爷奶奶每天都会看《新闻联播》和《天气预报》，所以，他也每天跟着看。可是，才四年级的欢欢有些不理解天气预报员说的关于雨量多少的话。欢欢经常听到天气预报员在节目中说某个地方的雨量是多少毫升或多少厘米，会持续下多长时间，以便大家出门带雨具或做好防护准备。可是，欢欢很费解，雨下下来不就渗入土里了吗？这要怎么测量雨量呢？而且，下雨的区域一般都很大，而每个地方的地势、位置都不一样，有高有低的，预报天气的工作人员又是怎么准确地测量出不同地区的雨量的呢？

欢欢就问爷爷奶奶这是怎么测量的。结果，爷爷奶奶告诉他有专门测量雨量的工具，叫做雨量计。欢欢一听就特别有兴趣，非缠着爷爷给他买一个雨量计。爷爷拗不过欢欢，就说可以自己做一个简易的雨量计。于是，在爷爷的指挥下，欢欢开始制作雨量计了。

欢欢先找来了以下几种东西：一些水、一个量杯、一个透明的塑料容器、一个直径和塑料容器相配的漏斗和一只防水的蜡笔。接下来，爷爷让欢欢先用量杯取出50毫升的水，将它倒在塑料容器中；然后，爷爷用蜡笔在容器的外壁上给水位做了个标记。接下来，爷爷让欢欢再重复前面两个动作，直到那个塑料容器中灌满了水后，让他把塑料容器中的水全部倒掉。这样一来，留下来的就是一个画满刻度的容器了。这时，欢欢将漏斗插进这个有刻度的塑料容器中，一个简易的雨量计就做好了！

而后，爷爷和欢欢一起将这套简单的测雨量的设备放在了远离建筑物和树木的院子中，确保能淋到雨，又不会轻易被吹风倒后，爷爷这才拍拍手，对欢欢说道："好了。现在就等着下雨了。等下完雨后，我们就知道这场雨的雨量是多少了。"

没几天，果然下雨了，而且下了一整夜的雨。第二天一大早，欢欢就迫不及待地拉着爷爷去看雨量计了。来猜猜看，欢欢有可能会看到什么现象发生呢？

这场雨过后，欢欢看到塑料容器中积聚了一些雨水。欢欢根据容器外壁的刻度就能看出来这一场雨的雨量。以此类推，某地某一段时间内的雨量，一天、一周、一个月甚至几个月内的降水量是多大，都可以用雨量计来测量。你也可以自己在家做一个简单的雨量计哟！来自己测量一下你们那里的雨量是多少。

要注意的是，雨量计的使用和测量是有限制的，不能在风力过大时使用雨量计，因为这样记录的结果会有过大的误差。而且，一定要保持漏斗的通畅，保证雨水能顺利流进容器中，以免造成测量结果的偏差。

能指方向的风信旗

周五放学的时候，小明的学校给他们布置了一个家庭作业，要求他们按照手工书上的步骤，自己动手做一个风信旗。

小明虽然不知道什么是风信旗，但是手工书上写有怎么做，于是他就按照手工书上的要求，准备好了以下几样东西：一根吸管、一把剪刀、一块硬纸板、一枚大头针、一只带有橡皮头的铅笔、胶带（或者胶水）、两根用来扎花的金属丝（约 20 厘米长）、橡皮泥、一个指南针。

将东西准备好后，小明就找来爸爸做帮手，按照书上写下的具体步骤来操作。首先，小明从厨房拿来一个已经洗干净的盘子，在上面粘了一大块橡皮泥。接着，小明用剪子把吸管的一头剪一个长约 2.5 厘米的凹槽，又将硬纸板剪成了一个梯形，并将这块梯形的硬纸板固定在了吸管的凹槽里。小明用大头针穿过吸管，然后插进铅笔的橡皮头里，并转动了一下吸管，看吸管是否能绕着大头针转起来。最后，小明把金属丝缠绕在橡皮头下面的铅笔身上，参照指南针，让金属丝的四端分别对准东、南、西、北四个方位，还在每一截金属丝上都分别粘上一张不同颜色的小纸片，并在纸片上写下金属丝所指方位的名称。完成这一步后，小明把铅笔尖插入橡皮泥里，风信旗就这样做好了。

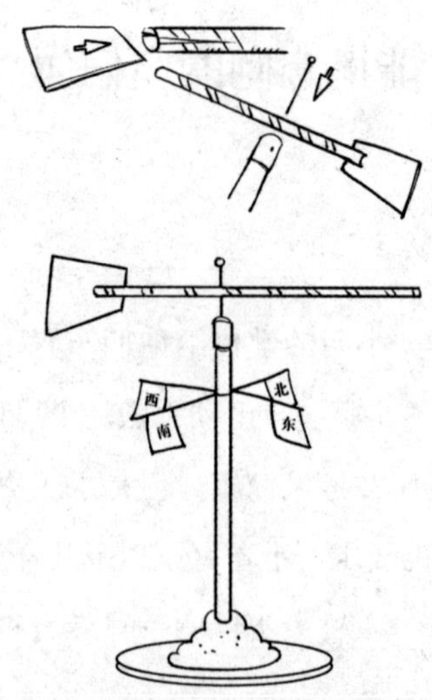

而后，小明又按照书上的指示，将风信旗放在了窗台上，因为那里有风，可以检测到风信旗做得是否成功。小明把风信旗拿过去，对准纸片的方位后，把风信旗固定下来，风信旗在风的吹动下果然转动了起来，之后在某一个方向上停了下来。过了一会儿，当风再次吹起的时候，风信旗又改变了它的方向。

小明不明白这是为何，就问爸爸其中的原因。爸爸看到小明做的风信旗后，高兴地说道："小明真棒！这样一来，我们就能看到每天都会刮什么方向的风了！"说完，爸爸就把风信旗的工作原理给小明讲解了一番，让小明明白了风信旗是干什么用的。看到这里，读者朋友们，你们有猜出来风信旗的工作原理是什么吗？

在这里，风信旗就相当于一个测风向的仪器，能够判断当天的风向。具体工作原理是根据风信旗的末端的指向来判断出当时刮的是什么方向的风。不过，很多人都觉得风信旗上的小纸片是风信旗的主要受风部位，其实不是，固定在风信旗上的硬纸板才是，那四张小纸片则是用来标示方向的。风信旗的末端指向了哪个方向，就说明风是由哪个方向而来，也就是说当天刮的是什么风。

测风力大小的风力计

星期六的早上，红红和爸爸妈妈一起回爷爷奶奶家。出门的时候，妈妈就说今天的风应该很大，红红也感觉到今天刮的风挺大的。

等到红红的爸爸开着车上了路，他们才真切地感受到今天的风有多大：只见路两边的树被吹得哗哗直响，周围的行人都走得东倒西歪的，连步伐都慢了不少。红红爸爸看着这种情形，感叹说："今天的风恐怕得有六七级，说不定还会刮倒大树呢！"话刚说完，就见路边的一棵树被风刮倒了，挡住了前面的路。很多人都绕道而行。

红红看着被大风挂倒的树以及出行受影响的人们，就问爸爸："爸爸，你怎么知道今天的风力是六七级的？"

红红的爸爸就对红红解释：气象学家把风分为了几个等级以及每个等级的风力各有着什么特征……结果，还没解释完，就到了爷爷家。以往，红红看到爷爷奶奶就扑了过去，这次却缠着要爸爸解释完。在大风中等待的爷爷奶奶听了红红的话，瞬间就明白了小孙女的求知欲正旺盛呢！于是，之前做地理老师的爷爷就对红红说："你不是想知道风力是怎么回事吗？不如我教你制作一个风力计，你自己去测量一下风力的大小，如何啊？"红红一听，高兴地说道："好啊好啊！"说完，就拉着爷爷去做风力计了。

只见爷爷找来一块结实的纸板、一把剪刀、四个纸杯、一根缝衣针、一只带有橡皮头的短铅笔、一个空线轴、一块木板、胶带、胶水、橡皮泥等东西，就开始制作风力计了。爷爷把线轴粘在了木板上，又从纸板上剪下了两条长 45 厘米、宽 5 厘米的纸条，在纸条的中间各剪了一个大小适中的小凹槽，把两个纸条对插起来，形成一个"十"字。注意，这里的凹槽不要剪得太大，以免十字架最后转不起来。

然后，用剪刀把纸杯剪短，在"十"字形纸条的每个末端粘上一个纸杯。再在这个“十”字的中央插入一根细长的缝衣针，同时把缝衣针的针眼插进铅笔的橡皮头里，把铅笔插在线轴中间的小孔中，再用橡皮泥将线轴中间的铅笔固定住。风力计就做好了。

红红看到爷爷拿着做好的风力计，将它放到了一个风吹得到的地方，就看到风力计上的“十字架”转了起来。爷爷指着转动的风力计说：“这就是风力计的简易版了。有了它，你就能知道今天的风力大小了。”

请问，风力计是如何测量风力大小的呢？

如果你仔细看了红红的爷爷制作风力计的步骤，你就会知道，风力计就是通过纸杯的转动速度来测量风力的大小的。

在这个案例中，红红的爷爷制作的是一个简易型的旋转式风速计。因为风吹在纸杯上，带动纸杯转动，风速越大，纸杯转动得越快，“十”字架就转得越快。真正的旋转式风力计也是如此工作的。风力计上有一个三臂转盘样式的探测器，上面固定着半球形的空心盘子。风速越大，转盘转动的频率就越高，测定值会被转化为电磁的形式，驱使转轴上的发电机产生和风速计转动频率成比例的电压，将风力大小保存在电动记录仪中。

来做个雷声吧

2016年年度玄幻大剧《青云志》播放后，引来了很多观众的观看，其中就有三年级的川川。他非常喜欢看这部电视剧，经常在周末的时候从网上追剧。在看的时候，川川就发现《青云志》中经常有这样的情节：如果哪里雷声滚滚了，就有人说是修真之人在彼此对战，或者说是有人在历劫飞升……川川以前在看《西游记》的时候，也发现里面有很多打雷、下雨的情节，背后则是龙王在打喷嚏下雨。因此，在川川的理解中，每次打雷的时候，就是有人在飞升，有神仙在作法。为此，川川还一直说自己也要“修炼”，得道成仙。

川川的爷爷知道了川川的这种想法后，就跟他说：“川川，天空中之所以有电闪雷鸣，实则是大自然的变化现象，并不是什么神仙鬼怪在作法。你要不相信的话，我这就教你自己做一个‘雷声’来听听！”

爷爷说完，就让川川找来了几个橡皮筋和几个纸袋子。川川就看见爷爷拿着纸袋子，像吹气球一样将袋子吹得很大，并迅速用橡皮筋扎紧袋子的开口。然后，爷爷就把袋子放在桌子上，用双手从两边同时用力拍打纸袋，就听到“嘭”的一声很大的爆裂声，和雷声非常相似，川川看到纸袋爆裂了！而后，川川模仿爷爷刚才的动作，也制作了几个充气的纸袋子，让它们发出了雷鸣般的响声。

川川觉得十分好玩，但不理解小小的纸袋子为何会发出这么响亮的声音，就询问爷爷。爷爷便告诉了川川纸袋里的奥秘，也让他知道了雷声到底是如何来的。

亲爱的读者们，你们知道纸袋子为何会发出响声吗？你们知道雷声是如何来的吗？

原本空空的纸袋子被灌入了满满的空气，又经过双手的拍打，纸袋里面的空气就在外力的作用下振动了起来，发出了巨大的响声。同样的道理，雷声也是这样来的。

大家回想一下，一般雷声响起的时候都会伴随着闪电，这是因为风、气流在空气中剧烈运动，带来正负电荷，产生巨大的电火花和闪光，形成闪电。当天空中出现闪电时，闪电周围的空气会剧烈增热，温度高达 15000℃～20000℃，因而造成空气急剧膨胀，产生冲击波，发出爆裂声。这就是雷声了。

总体来说，雷声大致可以分为三种：一种是“炸雷”，清脆响亮、像爆炸声一样；另一种是“闷雷”，发出沉闷的轰隆声；还有一种是“拉磨雷”，能发出低沉而经久不歇的隆隆声，有点儿像推磨时发出的声响。

之所以雷声会有不同，是因为听到的人距离雷声的距离有远有近。形成闪电的时候产生的冲击波会以 5000 米 / 秒的速度向四面八方传播。在传播的过程中，它的能量很快衰减，而波长则逐渐延长。所以，在闪电下方的人会听到从云层中发出的“噼啪”声，就是人们常说的炸雷；而相隔较远的人则会听到“隆隆”的雷声，这是因为雷声在云里面多次反射，经过很短的时间间隔先后传入人们的耳朵，所以大家才会觉得雷声沉闷而悠长，有如拉磨之感。

彩色漩涡的形成

在炎热的夏季，《新闻联播》上又在说美国发生了龙卷风，造成了很大的人身伤害和财产损失。小松看着新闻，想起他看的那些美国大片中也经常会出现龙卷风，他就想：龙卷风真的有这么厉害吗？我何不自制一个龙卷风，看看它到底是什么样子呢？

想到就去做！小松立刻找来了制作龙卷风的道具：一个可以转动的糕点盘、一个玻璃杯、胶带、剪刀、含有碳酸的矿泉水和食盐。然后，小松把玻璃杯放在盘子中央，用胶带把杯子固定住，并在玻璃杯里倒入了矿泉水。接着，小松转动盘子，在矿泉水中加入一匙盐，就看到从水底向上垂直地生起了一根长鼻状的带子。

之所以会出现这样的情况，是因为含有碳酸的水里加入食盐后，会生成二氧化碳气体。而二氧化碳则以小气泡的形式出现，在旋转作用下就会集聚在一起，沿旋转轴在水里构成了一根长鼻状的带子，类似于出现在天空中的龙卷风。

可是，这只是让小松看到了龙卷风的样子，并没有看出来龙卷风的威力有多大啊！于是，小松又一次做了一个实验：他用塞子堵住卫生间的洗手池的排水口，将里面放满水，然后在水面上滴一些食用颜料或者墨水，拔掉排水口上的塞子，并洒落一些碎纸屑，观察一下这些碎纸屑是怎么被水冲走的。

小松看着水中形成的那个巨大涡旋，看着被卷走的碎纸屑，而后在脑海中将这样的效果放大千万倍，就知道空中的龙卷风为何这么具有威力了。请大家想想看，小松看到了什么情景呢？从这个实验中，你又是如何看出龙卷风的形成的呢？

由于水中加入了颜料或墨水，有了颜色，所以小松可以清楚地看到：当水旋转时，在水面和排水口之间就形成了一个漩涡。这个漩涡从上方开始旋转，一直延伸到下面，看起来回流湍急，漩涡中的急流在水面和排水口之间形成了一个“漏斗”。原本随意洒落在水面上的碎纸屑都被吸到了漩涡里面，并顺着漩涡被卷入了排水口中。

龙卷风也是如此。在炎热的季节，地表的温度很高，导致地面附近的空气受热上升，在强烈的上升气流的带动下开始旋转起来，而且风速越来越大。最后，天空中出现了一条长鼻状的龙卷。这道龙卷可以从高空的云层一直延伸到地面上，会吸附周围的水汽、尘土、建筑物、行人等东西，给人们的生活带来严重的损失。

冰雹长什么样子

每年春夏交接的季节，新闻里、网络上总会说哪个地方下冰雹了，或者是冰雹有多大，冰雹砸坏什么东西了……可是，就像有些南方人一辈子也没见过雪一样，有很多人也没见过冰雹，不知道冰雹长什么样子。

从网上搜寻图片，我们可以看见，常见的冰雹多是球形的，如绿豆、黄豆般大小，也有大似栗子、鸡蛋的。如果冰雹下得又大又密，则会给人们的生活带来很强的破坏力和杀伤力。

如果你可以捡一颗回来，将其铺在一张报纸上，然后用锤子将冰雹砸开，再拿到放大镜下面观察，你会发现，冰雹粒其实就是结了冰的雨点儿！

那么，读者朋友们，你们知道冰雹为什么是这个样子的吗？

冰雹的样子和它的成因有关。冰雹一般是在春夏之交或者是夏天出现的，大多出现在午后两三点的时候。因为这个时候的地表温度很高，导致地面附近的空气受热上升，形成了对流。随着热空气在对流中心的不断上升，导致周围的冷空气不断地下降。如果上方的空气温度很低的话，这股热气流就可以一直上升到很高的地方。当地面附近和半空的云层中都充满了水汽时，就会出现雷雨云。雷雨云上层的空气由于位处高空，温度很低，导致其中所含的水珠结冰，变成冰雹粒。当这些冰雹粒越来越重的时候，就会降落到地面，成为了大家眼中的“冰雹”。所以，冰雹其实就是降水的一种，只不过它是以冰球或冰块的形式出现的。

每次下冰雹的时间虽然最长也不过30分钟，但是，因为它的重量比较大，能够产生很大的破坏力。所以，在冰雹常见地区，一定要注意做好防护措施，以免砸坏庄稼、砸伤行人等。

不会上升的烟

在语文课本上，我们都学过这么一首诗:“大漠孤烟直，长河落日圆。”但在这里，我们不讲大漠中广阔、辽远的景色有多美，也不说诗人在作这首诗时有何感想，就单纯地说一说“烟”！

有人会说烟有什么好说的，气味不好闻，还抓不住，轻飘飘地就飞入了空中。然而，这只是大家寻常看到的烟，不知道大家是否看到过不会上升的烟呢？要想看到这一景象，就请大家找来两个玻璃杯、适量的热水和冷水，以及一块杯垫、一盒火柴和一根线。

东西准备好后，先分别用热水和冷水冲洗这两个玻璃杯，并把杯子擦干净。然后，把细线的一端点燃，放在用冷水洗过的玻璃杯中，并把杯垫盖在玻璃杯上，直到这个杯子里充满了烟。这时，再把另一个用热水洗过的杯子倒扣在杯垫上面，最后抽走杯垫。你就会看到以下景观：如果用冷水洗过的杯子一直放在热水洗过的杯子的下面的话，杯子里的烟就不会上升了。

请问，这是为什么呢？

这是因为密度较大的冷空气会下沉。如果冷空气被挡在了热空气的下面，烟就不会上升了。但是，如果把用热水洗过的杯子放在下面的话，杯子里的烟就会升到上面去。

看到这里，有些读者可能会恍然大悟：这不就是我们平常看见的浓雾、雾霾吗？没错，就是如此。这个实验中显示的不会上升的烟，实际上就和我们平常看到的浓雾、雾霾相似。它们都是下沉气层的下界面上会出现的一种逆温现象。这种逆温现象一般出现在低地的冬天。当太阳高挂在山区万里无云的天空中时，低地的人们却要面对一个浓雾弥漫的湿冷天气。

之所以会出现这种现象，是因为这个地方的空气温度会随着高度的增加而不断上升，而不是像平时那样随着高度的增加而不断降低，于是就形成了一个暖气团。这个暖气团构成了一道隔离层，使得灰尘粒和其他气体无法进入隔离层上方的气层当中，只能漂浮在低空中。

不过，这个“浓雾”可不是什么好的东西，里面一般聚集着一些灰尘颗粒和有害气体，会导致人的呼吸道发生病变，阻碍人体进行正常的血液循环。

“厄尔尼诺”来了

在今年寒假，做完作业的佳佳和爸爸妈妈一起去秘鲁的一个小岛上度假。佳佳在小岛上玩得很开心，可是有一件事情她非常不解，那就是她经常能看到海水会把一些死鱼冲到沙滩上来。佳佳就问爸爸：“爸爸，鱼不是生活在海里的吗？它们为什么都死了呢？”

佳佳的爸爸问道：“除了这些死去的鱼，你还注意到什么情况了吗？”

佳佳想了想，说道：“我觉得海水挺热的，一点儿都不清凉。”

“这就对了！”爸爸说道，“这是因为‘厄尔尼诺’在作怪。”

“‘厄尔尼诺’？他是谁？海神吗？”

“当然不是。‘厄尔尼诺’是一种反常的自然现象，是一种洋流的名称。它的出现会导致海水变暖、海水不正常运动、海里的鱼类死亡。”爸爸解释道。

“原来是这样。可是，爸爸，你说的太抽象了，我不懂‘厄尔尼诺’现象到底是怎么回事。”佳佳疑惑地说道。

爸爸听完了佳佳的苦恼，笑着说：“这个容易。来，我们这就来做个实验，让你亲眼看一下什么是‘厄尔尼诺’。”

于是，爸爸就带着佳佳，一起找到了一些食用颜料，准备好了适量的水和一个空玻璃缸。在爸爸的指导下，佳佳在这个空玻璃缸注满了水，并把食用颜料滴入到准备好的另外一部分热水中。然后，佳佳把染上了颜色的热水滴在了玻璃缸的水面上，等这部分热水完全占据了整个水面后，就能看到这些热水开始向下蔓延了。这个时候，佳佳的爸爸对着水面开始吹气。几分钟过后，爸爸才停止吹气，并让佳佳观察一下玻璃缸，看水里出现了什么情况。

亲爱的读者朋友们，你们来猜猜看，水里会出现什么情况呢？

玻璃缸容器中出现了两个明显不同的水层。之所以会这样，是因为热水在冷水的上面，当一个人对着水面吹气时，容器的一边会形成一个带有颜色的深水层，而另一边（即离人较近的一边）则会变成一个浅水层。当人停止吹气后，有颜色的水又会流回到原来的地方。这就是我们平时所说的“厄尔尼诺”现象了。

“厄尔尼诺现象”每隔几年都会出现在秘鲁太平洋沿岸，引起大批鱼类死亡，时间大约在圣诞节前后。风潮的改变是引起厄尔尼诺现象的主要原因。通常情况下，太平洋上的信风是沿着赤道由东向西吹的，将暖海水堆积在西太平洋一带的上层海水中，形成一个较深的暖水层，而南美太平洋沿岸则形成了一个冷水层。几年过后，由于从东向西的信风减弱，导致位于西太平洋的暖海水流向东面，在厄尔多尔和秘鲁的太平洋沿岸蔓延开来，形成了一个缺乏养料的深暖水层，造成上层海水中的氧气减少，致使大批鱼类死亡。

冰川是如何形成的

看过《冰河世纪》系列电影的人，应该都会对那个满世界都是冰的时代很好奇吧？看着电影里面的长毛象、树懒、剑齿虎等动物在冰上滑来滑去，做各种高难度的滑冰动作，你是不是觉得特别刺激、特别过瘾呢？那个时期地球上正处于冰河纪，所以有这么多冰川地区。可惜的是，现在我们的地球上却没有那么多的冰山了，只在北极、南极等寒冷的地区才有。

尽管如此，还是有很多人对冰川充满了好奇，不知道那犹如山一般高、平原一般辽阔的冰川是怎么形成的，也不知道北极、南极等地的冰山为什么能千万年来都不融化。如果你也对冰川感到好奇的话，就一起来做一下下面这个小实验吧，看看冰川到底是如何形成的。

首先，你需要准备好下列东西：一个杯子、一些沙子、一些小卵石、充足的水、一块木板、一块大石头（或者其他坚固的支撑物均可以）、一把锤子、一根粗橡皮筋、一枚钉子、冰箱等。

准备好这些东西后，你就在准备好的杯子里装大约 2 厘米高度的沙子和卵石，再往杯子里面倒大约占杯子 3/4 体积的水。然后，你要把这个装满了沙子、卵石和水的杯子放进冰箱中（如果室外温度在 0℃以下的话，也可以把杯子放在室外的花园或者阳台上），让杯子在那里冷冻整整一夜。

第二天，你从冰箱里取出已经结了冰的杯子，再像昨天一样，用沙子、卵石和水装满整个杯子，并把杯子重新放进冰箱，继续冷冻；同时，去做一个“斜坡”——在木板的一端钉入一枚钉子，把木板靠在一个坚固的支撑物上面。等又冻了一夜后，再次从冰箱中取出结冰的杯子，把杯子在热水中浸泡一小会儿，直到里面的冰块有了部分融化的现象，能够完整地从杯子里面滑出来为止。接着，把橡皮筋套在滑出来的冰块（也就是冰川）上，把“冰川”放在木板的上端，用橡皮筋把它固定在铁钉上。

然后，你就等着冰块融化吧。在融化的过程中，你会看到原本松松散散的沙子、卵石则是以结成团的模样，和水一起从“斜坡”上滑了下来，在某些地方还会留下沙子和卵石的痕迹，这就是所谓的“冰渍”了。

请问，原本松散的沙子、卵石为何能结成团呢？这其中有什么奥秘呢？和冰川不容易融化有关系吗？

有关系。在这个实验中，杯子里制作好的沙子、卵石和水

的混合冰块就是自然世界中的冰川了。现实世界中的冰川就是如此，当它开始融化的时候，融化的水就会带着岩石和土壤一起滑进山谷中。

之所以沙子、卵石会结成团，是因为冰川一般出现在气候都非常寒冷的地方。在这些地区，即使是在温暖的季节，雪也不怎么会融化，反而会反复结晶，变成坚硬的冰块。当上部堆积的雪多过下部融化掉的冰时，这些冰块的体积就会增大，渐渐形成冰川、冰山。同时，嵌在冰川底部和冰川边上的岩石会被冰川的重量碾磨成碎块，而这些碎块会在冰川的带领下，合着卵石、沙子、黏土等一起移动。最后，当冰川上某个部位的冰块融化时，那个地方的岩石碎块就会从冰川上掉下来，沉积在地面上。

海市蜃楼

你见过“海市蜃楼”吗？如果你没有亲眼见过，那么，你在电视剧、电影中总听说过吧？当人们行走在沙漠中时，有时走着走着，就会看到不远处的地方有建筑或者是绿洲。然而，当他们快速赶到那里的时候，却什么都没有，或者说怎么走与看到的绿洲距离始终是那么长；还有一种情况，居住在海边的人，有时能看到海面上空出现了一座城市、高山的奇景，这些就是所谓的“海市蜃楼”了。

“海市蜃楼”作为一种奇特的自然现象，不仅在沙漠中经常出现，在海边、城市中也有。只不过城市的人没有注意，有时候看到了也以为是城市建筑，没有想那么多。在城市中最常能见到这么一种神奇的现象：在晴朗炎热的夏天，如果你站在一段笔直的柏油路面上向前看，你就会看到柏油路的前方有一小摊水在阳光下闪烁着。然而，当你走近观察的时候，却发现这个小水潭不过是个“虚幻的湖泊”，空无一物。这就是城市中最常见的“海市蜃楼”现象了。

如果你还不能了解这是怎么一回事，可以用家里的鱼缸做个小实验：把一个长方形的鱼缸放在桌面上，在鱼缸的下面放入浓盐水，上面慢慢地注入清水。注意，这个动作一定要缓慢！这样一来，清水才会漂在盐水上。然后，你可以把一个小玩具放在鱼缸比较窄的那一面，并用灯光照亮鱼缸。这时，你从鱼缸的对面看那个玩具，你会发现，除了在鱼缸的下面能看到玩具外，在顶部也可以看到一个。

请你用“海市蜃楼”的原理来解释一下上述现象是怎么发生的。

所谓“海市蜃楼”，其实是因为光的折射和全反射而形成的一种自然现象，是地球上物体反射的光经大气折射后形成的虚像。

柏油马路上并不存在的“小水潭”就是如此。当天气炎热

时，柏油马路因为吸收能力比较强，所以路面上的空气要比其上方的空气温度高，当来自于天空的光在穿过冷热空气的边缘时，就发生了折射现象。由于光线发生折射后改变了方向，那条光线向你的眼睛方向弯曲了。因此，你所看到的小水潭其实是天空在地面上的影像，它倒立在了地面上，让你产生了水的幻觉而已。而你在鱼缸中看到了两个玩具，也是光的折射在起作用，迷惑了你的眼睛。

我们生活中之所以会有“海市蜃楼”这种现象发生，也就是说，光线之所以会发生折射现象，是因为空气的温度不均匀造成的。这就是为什么“海市蜃楼”一般只有在大热天或者温度较高的沙漠等地区出现的原因。因为产生的幻象的位置不同，人们把“海市蜃楼”分为“上蜃”和“下蜃”。上蜃一般出现在沙漠中，产生的幻象位于地平线的上面，而且看起来是正的；下蜃产生的幻象位于实物的下面，而且是倒过来的，城市中比较多见。

潮汐的产生

在小学四年级的语文课本中，有一篇名为《观潮》的课文，讲

的就是钱塘江潮每一年涨潮时的盛景。课本里描述的涨潮的场面和景色都十分壮观。等到退潮时，海水悄然退去，露出一片海滩。

海水涨潮、退潮的这种现象叫做潮汐现象，是沿海地区经常出现的一种自然现象。发生在早晨的涨潮叫潮，发生在晚上的涨潮叫汐。但是，海水并不是天天都要涨潮的，而是分时间才会有的一种现象。那么，涨潮、退潮这种现象是怎么发生的呢？我们可以先来做一个小实验，了解一下。

先找一个洗脸盆，倒进去大约10厘米左右深的水，拿一个不怎么重的小碗，让它能够漂浮在盆里。接着，往碗中加入1厘米深的水。然后，你就用勺子去慢慢搅动小碗，尽量将碗保持在洗脸盆的中央。在搅动的过程中，不断加快旋转勺子的速度，最后停下来。在这个过程中，你可以发现碗里的水会沿着碗边升起，并随着速度的加快，不断被甩出碗外。当速度慢下来的时候，碗壁的水就会慢慢回流到碗中。

这种现象其实就和我们看到的涨潮原理是一样的，你能理解其中的奥秘吗？

先看那个小实验。碗里的水在勺子的快速搅动下沿着碗边飞出碗外，是因为离心力在起作用。所谓离心力，就是一种惯性力，能够使旋转的物体远离它的旋转中心。当旋转的速度够快的时候，该物体的容纳物就会飞到物体外缘，甚至飞出去。

潮汐的产生其实也是离心力的作用。这是因为海水是随着地球的自转在旋转，因为离心力的作用，使它们有离开旋转中心的倾向，所以海水会从海里涨到海岸上。这就好像旋转的一把雨伞，会把雨伞上的水甩出去一样，表现在海水上面，就是浪潮向前汹涌。

同时，海水还受到月球、太阳和其他天体的吸引力。因为月球离地球最近，所以月球的吸引力比较大。离心力和吸引力的共同作用下就形成了引潮力。由于地球、月球在不断地运动，地球、月球与太阳的相对位置在发生周期性的变化，因此引潮力也在发生周期性的变化，导致潮汐现象也是周期性发生。

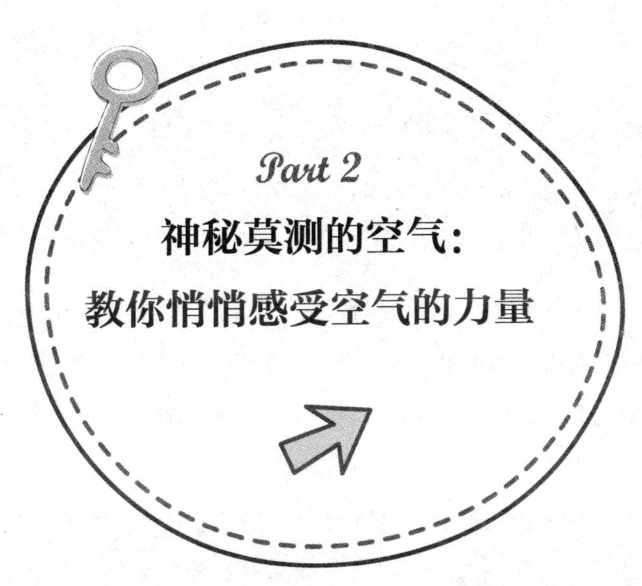

Part 2

神秘莫测的空气：教你悄悄感受空气的力量

同在一片蓝天下，北方的人去南方的时候会感觉南方的空气特别湿润，而南方的人则会觉得北方的空气比较干燥；同一个地方，夏天的空气和冬天的空气会给人不一样的感受；同一个季节，有些地方的空气中都是雾霾、灰尘，而有些地方的空气则是飞沙……为什么同一个地球上的空气会有这么大的变化呢？为什么有的空气令人心旷神怡，而有的空气却会让人咳嗽不断？空气到底有什么魔力呢？要想对神秘莫测的空气有一个了解，就去空气的世界中了解一下它们的组成吧！你会看到毫无重量的空气所带来的力量是多么无穷。

毫无存在感的空气

说起空气，那绝对是世界上的所有事物中最低调的一族了：既看不见也摸不着，不喜欢抛头露面不说，甚至很多时候都让人感受不到它的存在。除了在环境污染严重的时候，大家生活在雾霾天里，才会觉出来空气的重要性。平常的时候，谁又能记起来“空气”这个无名之辈呢？现在就让我们来关注一下“空气”吧！

准备一个玻璃大碗（其他容器也可以，只要够大），在里面装一半体积的水；把一只塑料瓶拦腰剪断，保留有盖子的那半部分；取一个小浮标（或者一小块松木或是泡沫塑料等重量轻的东西都可以），并将其放在水面上，用那半个塑料瓶（记得盖上瓶盖）把它罩住。现在，请你来想象一下，如果你把塑料瓶往水里摁的话，并且保证不会用手碰到小浮标，那么，将会发生什么现象呢？

尽管你没有用手去摁小浮标，但是小浮标还是在随着塑料瓶的下压而下降。你明白这是怎么回事吗？如果不明白的话，可以再做一个实验。在这个实验中，你在做之前可以先用钉子在瓶盖上戳一个小洞，然后用面团堵住这个小洞。当你看到浮标伴随着瓶子的下压而下降的时候，取出面团（如果你不想戳小洞，可以在这时直接拧开瓶盖)。这个时候，你会看到小浮标的位置开始渐渐向上走了。如果你将手指靠近盖子上的小洞，你还会感觉到一股气流从里面跑出来呢！一直到瓶子里的水面和瓶子外的水面保持平衡的时候，浮标才停止向上漂浮。

试着来说一下，这两个实验中的浮标为什么会有不同的现象发生呢？

浮标（或其他泡沫等小东西）一般都是漂浮在水中，轻易不会沉下去。这个实验令人称奇的地方在于浮标本身是不会下沉的，下降的是瓶子里的水面。原因就在于那半个瓶子看似什么都没有，其实有看不见的空气。当你把瓶子往水下摁的时候，其实就是在用瓶子里密闭的空气把水面往下压，所以在空气的压力下，原本不会下沉的浮标也开始下降了。但是，当你将瓶盖打开之后，瓶子里面的一部分空气跑了出来。没有了空气的压力，于是瓶子里的水面以及浮标又回到了原来的位置。

由此可见，空气真的是存在于生活中的方方面面，如果没有空气，人不仅无法呼吸，而且连很多动作也无法完成，就连简单的用吸管喝个可乐都会很难呢！

气泡的神秘世界

你了解气泡吗？或许有人会说："气泡有什么好了解的，不就是泡沫吗？一戳就破！"那么，你知道气泡是怎么一回事吗？这一节，我们就来了解一下气泡。

实验一：在烧一锅水的时候，大约在50℃时，水中就有气泡出现了。我们都知道，这些气泡其实是空气，随着水的温度上升，这些空气从水中分离了出来，以气泡的形式出现。而锅最热的地方，也就是锅底，也形成了一层水蒸气的泡泡。除了烧开水的时候，我们在其他地方也能看到泡泡，而且这些泡泡无一例外都是圆球形状的。你知道这是为什么吗？

实验二：你喝过气泡酒或者香槟酒吗？即使你没有喝过，你应该也见别人喝过吧？那么你有没有注意过对方是怎么开酒瓶的呢？如果你注意过的话，你会发现很多人在开酒瓶的时候，一般是先固定酒瓶，再转动瓶塞将它打开。但是，这样的开瓶方法并不是正确的，正确的技巧应当是固定住瓶塞，去转动酒瓶，直到瓶塞开始活动为止。然后，等你从瓶塞的侧面慢慢地放出里面的气体后，就可以轻而易举地拔出瓶塞了！

但是，在这其中，人们关于香槟酒的气泡有一个误解：很多人认为在酒瓶的瓶颈里放一个小勺子就能防止气体逸出了。但是，精确的测量表明根本就不是这样！不相信的话，你去这样实验一下，并观察瓶子里的泡泡，你会发现，这样做只会让小气泡上升得比较慢、大气泡上升得快而已，并没有什么其他的影响。请问这是为什么呢？

实验一：泡泡表面各方向的力都是相等的。当起泡泡的时候，原本那些气体小分子是随便跑的，但是，每个地方都有同样多的小分子，最后就像拔河一样，僵持在一起，成为相互均衡的力，变成了一个球面。

实验二：大气泡上升得快，是因为气泡越大，与同体积的若干个小气泡相比，表面积就越小，在水中受到的浮力就越大，往上浮的力就越大。

有利于健康的大气层

如果只给你一个苹果，你能用它做什么实验呢？你可以把这个苹果从中间对半切开，去观察一下内部的结构，你会发现什么呢？

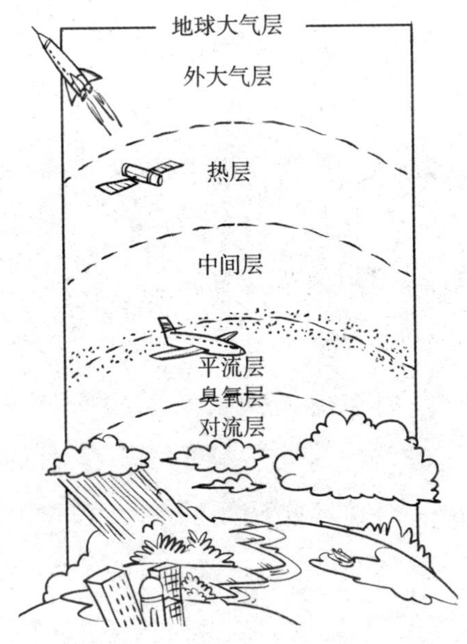

你会发现，苹果是由一个果核、一层果肉和一层包裹在果肉外的果皮构成的。那么，从苹果的这层薄薄的果皮到它的内部构成，

你有没有联想到环绕着地球的整个大气层呢？其实，和地球本身相比，包围着的大气层虽然像苹果皮一样薄，但是如果没有了这个气层，地球上所有的生物将不能存活。

如图所示，这就是我们地球上的大气层结构。你能说一说这些不同的气层都有什么作用吗？

我们把环绕着地球的那个气层称为“大气层”，类似于苹果的最外层的果皮。大气层是由很多不同的气层构成的，主要分为以下几层：

对流层：一般指的是从海平面到 10 千米的高空，里面集中了几乎全部的水汽，地球上的各种自然天气现象也是发生在这一层中。所以，对流层可以说是与我们人类的生产、生活关系最密切的一层。

平流层：指的是从对流层的顶部向上到 50 千米左右的高空。这一层大气中集中了大部分的臭氧，形成了一个天然的臭氧层。平流层中基本上没有水汽，一般都是晴朗无云的，很少发生天气变化。如果你坐过飞机的话，飞机飞行的位置以及你看到的云层等就属于平流层了。

中间层：从平流层顶部到 80 千米左右的高空是中间层。中间层典型印证了“高处不胜寒”这句话，这里是一个非常寒冷的气层，最低温度可达零下 80℃。

热层：从中间层顶部到 500 千米左右的高空是热层。你没想到吧？热层不仅比中间层的位置高，竟然还能比中间层的温度高。但这就是一个神奇的气层。

外大气层：热层以上700千米到1000千米的高空是外大气层。这是地球大气层和周围宇宙空间进行物质交换的地方。由于空气受地心引力极小，气体和微粒能够飞出地球逃到太空中去。它又叫散逸层。

看完地球大气层的分布，是不是觉得大气层非常厚呢？但是，事实上却是大气层非常薄，90%的空气集中在大气层底部16千米的气层中。所以，为了我们的生命安全、生活质量，我们都要保护好地球的大气层。

煮蛋比赛

小黎的妈妈生病了，没办法早起为小黎做饭。小黎就想：往常都是妈妈给我做饭吃，今天妈妈生病了，我也为妈妈做一次早饭吧！所以，小黎就想为妈妈煮两个鸡蛋吃。

等小黎找煮锅的时候，他不知道妈妈把锅盖放哪儿了，又不想去吵妈妈，于是就没盖锅盖直接煮。然而，这一次，小黎看着锅里的水，都过了十多分钟了，水才开始沸腾。又过了几分钟，鸡蛋才煮好。小黎特别纳闷：往常上学的时候，妈妈只煮了五六分钟就好了啊，今天怎么煮了这么久呢？

亲爱的读者朋友们，你知道是怎么一回事吗？

很简单，就是因为小黎没有盖锅盖。如果盖锅盖的话，锅里面的水就会开得比较早，所以，鸡蛋也熟得比较快。

没有锅盖，锅里的热量会直接散发掉一部分，导致水温上升较慢，鸡蛋就熟得慢了。

自制温度计

自从有了智能手机，我们每天起床，都会在手机上看到当天新出炉的天气预报，里面有一天的天气情况如阴晴、温度等。值得一说的是，这里的温度并不是一个笼统的数字，而是详细到每个时间段的温度。那么，这个温度是怎么测量出来的呢？如果你想知道的话，那就一起来自制一个温度计吧！有了这个温度计，你不仅知道温度是如何测量出来的，还可以自己在家测量温度哟！

先准备好以下几样东西：一个玻璃瓶、一支蜡笔、用墨水或者食用颜料染过颜色的自来水、橡皮泥、一根透明的吸管、剪刀和一片硬纸板。准备好这些东西后，实验就可以开始了！

你先在瓶子里面倒入大约占瓶子 3/4 体积的已经染上了颜色的自来水，接着把吸管插进瓶子里，然后把橡皮泥塞在瓶口，固定住吸管，将瓶子密封起来。这个时候，小心地朝着吸管吹气，等着水进入吸管后继续吹，看着水慢慢地往上升。当吸管中的水上升到瓶口上方时，就可以停止吹气了。

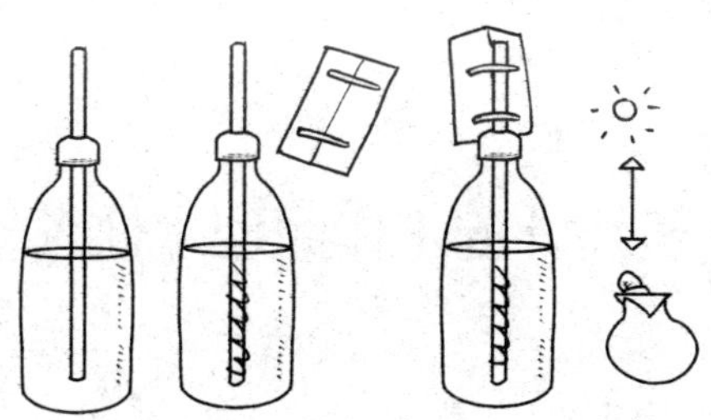

如插图所示，将硬纸片对折后，在上面剪两道小口子，把硬纸片穿在露出瓶子外面的吸管上。然后，在硬纸片上记下吸管中的水位。这个简易的温度计就做好了。

当你把这个简易温度计放在太阳下面或者放到暖气片的旁边时，你就会看到吸管中的水柱在温度较高的环境中慢慢上升了；如果你把温度计放在温度低的环境中，这个水柱就会下降。

现在，请你来说说看，你能成功自制温度计的原因是什么？即温度计的工作原理是什么？

答案

你成功制成的这个温度计，就是利用了空气、液体会“热胀冷缩”的原理。当你把“温度计”放在一个温度较高的地方时，瓶子里的空气会受热膨胀，产生一个压力，将瓶子里的水压进吸管中，所以吸管中的水就上升；当瓶子里的空气在一个温度较低的地方时，因为空气会遇冷收缩，就会把吸管中的水往下“吸”，导致吸管中的水柱下降。

气压计的工作原理是什么

1640 年 10 月的一天，万里无云，科学家伽利略和他的两个助手一起，在水井旁进行抽水泵实验。只见伽利略把软管的一端放到水井中，然后把软管挂在离井壁 3 米高的木头横梁上，而软管的另一端则被连接到手动的抽水泵上。而后，那两个助手摇动着抽水泵的木质把手，慢慢地，软管内的空气就被抽出来了。

当管内的空气抽完后，水在软管内就开始慢慢上升了。但在这个时候出现了一个问题：不论那两个助手怎样用力摇动把手，抽水泵把软管都吸得扁平了，水管中的水离井中水面的高度始终不会超过9.7 米。这是怎么一回事呢？带着这个问题，伽利略的助手之一托里拆利开始研究抽水泵的奥妙。

伽利略提出，液体的密度不一样，抽水泵能吸上来的高度就不一样。而造成这种不一样的原因，托里拆利怀疑与软管中液体上面的真空有关。于是，为了研究液体上面的真空，托里拆利一遍遍地做实验。终于，托里拆利找到了其中的秘密。当这个实验在不同的天气状况中进行时，液体能被抽来上的高度果然不一样。

如果你还想不出其中的奥秘所在的话，可以做个实验来帮助自己找到答案。你找来一个茶碟、水、一个塑料瓶和胶带这四样东西就行。然后，你在茶碟中加入一半水，在塑料瓶里加入大约占瓶子体积的 3/4 的水。接着，就用大拇指堵住瓶口，把瓶子倒过来。然后，在打开大拇指的瞬间，快速地把瓶子（瓶口向下）插到茶碟的水中，用胶带在瓶身上粘一张纸片。

你会看到塑料瓶里的水没有像想象中那样立刻流出来，但水柱却略微有些下降了。不一会儿，水柱又马上稳定了下来。之后，随着外部气压的变化，水柱还会出现上升或者下降的现象。这和抽水泵的原理是一样，都利用了一种东西的重量。你知道这种东西是什么吗？

就是空气。塑料瓶里的水之所以会下降，是因为茶碟上方的空气对茶碟里的水产生了一个压力，使得塑料瓶里的水无法

流出瓶子，却被吸得下降了。要是你在塑料瓶中水位每次达到的地方都做上标记的话，你就可以清楚地看到水位的变化情况了。当水压和气压达到平衡后，水位就不会再下降。塑料瓶里的水柱会随着气压的上升而上升，随着气压的降低而降低。当气压较低时，就意味着我们将会迎来一个温暖而湿润的天气。

托里折利发现的抽水泵的秘密也是如此。他发现，空气也是有重量的。当大气重量改变时，它施加的压力就会增大或减少，这样就会导致软管中的液体升高或下降。人们就可以利用这一点来测量和研究大气压了。

给气球安两个玻璃耳朵

说起气球，大家是不是觉得气球特别轻呢？甚至你不小心松开了手，有些气球还能飞到天上去呢！可是，你相信吗？就是这样一个重量很轻的小气球，也能载得动两个玻璃水杯呢。眼见为实，我们可以做一个小实验，给气球安装两个玻璃耳朵。

准备一个小气球，将它吹满气，然后紧紧绑住气球的吹口。接着，取两个小玻璃杯来，在两个杯子中加满沸腾的热水，用热水来提升玻璃杯的温度。等你摸着玻璃杯烫手了，就倒掉热水，然后迅速地将玻璃杯口贴在气球的两侧。接下来，你就会看到这两个玻璃杯形成了气球的两个“耳朵”。

你还可以取一杯凉水，浇在两个温热的玻璃杯外边，让其快速降温。试试看将一边的玻璃杯竖直提起后，看另一边的玻璃杯能不能依然紧紧地贴在气球上面呢？你知道这是为什么吗？

两个明显比气球要重的玻璃杯之所以能安安稳稳地贴在气球上掉不下来，是因为玻璃杯内外的大气压强不一样。

我们给玻璃杯加入热水后，玻璃杯的温度提升了，造成了玻璃杯内的空气热了起来。这个时候迅速将杯口扣在气球上，再用凉水给它们降温，玻璃杯内的空气因为变凉而发生了体积收缩，使得杯内的气压变低。而此时贴附着的气球因为没有受到干扰，一直保持着稳定的内部气压，这样与玻璃杯内的大气产生了气压差，紧靠杯口的那一部分气球被吸附到杯内去，就牢牢地将玻璃杯吸住了。所以，玻璃杯才掉不下来。我们平常见到的拔火罐其实也是利用了这个原理。

当你用力将一边的玻璃杯竖直提起后，你在提的过程中会感受到一股非常大的力，需要你用力才能提起来，同时另一边的玻璃杯也不会掉下来。如果你用的力不够大，你是不能把玻璃杯与气球分开的，也不用担心它们掉下来，反而会看到被揪起来的气球。

替鱼缸巧妙换水

远远家是开海鲜饭店的，经常养着各种各样的鱼类、海鲜，供顾客挑选食用。但是，当生意做得越来越好了，鱼缸也越来越大了，紧接而来的有一个难题，那就是给鱼缸换水太不容易了！这是因为远远家的饭店为了节省成本，没有安装水槽，直接购买的大而重的玻璃水缸，很不方便搬挪位置。每次换水的时候，饭店的工作人员是小心又小心，就担心将鱼缸打碎了。

有一次，远远看见饭店的工作人员给鱼缸换水的过程，觉得十分麻烦，他就想有什么简单的好办法呢？于是远远就去网上查找，终于，他找到了一个办法：给鱼缸换水的时候，准备一个大水桶，将这个水桶放到比鱼缸低的地方；然后，远远找来一根够长的塑料管，使管内充满了水放入鱼缸中。

神奇的一幕来了！当远远分别用两个拇指捏住塑料管的两端时，将它从鱼缸中取出来，并将充满水的塑料管一头放置到鱼缸中，另一头放置到准备好的水桶中，然后再松开拇指，水就会慢慢地从鱼缸里跑到水桶中去了！就这样，特别轻松地就换好了水。

虽然方法很实用，但是远远却不知道这是为什么。你能告诉远远他找的这个方法的工作原理是什么吗？

这个方法就是利用了虹吸原理来给鱼缸换水，也就是我们所说的虹吸。虹吸是利用重力和分子间的粘聚力，形成一个液面高度差的作用力。将液体充满一根倒 U 形的管状结构后，将开口高的一端置于装满液体的容器中，在重力作用下，容器内的液体会持续通过虹吸管开口高的那一端吸入，从位置低的开口流出来。

在这个游戏中，远远先把塑料管放在鱼缸中，将其充满了水，并用拇指堵住两个开口。其实，这就是自制了一个虹吸管。当管子的两端不在一个高度上时，管内的水就会从低处的管口流出来，发生虹吸作用。在虹吸作用下，鱼缸中的水就会通过塑料管，流向较低的地方去，这样就能轻松地为鱼缸换水了。

从老鼠洞联想到了什么

我们看动画片《猫和老鼠》的时候，会发现老鼠杰瑞的房子有好几个洞口，汤姆猫经常是堵在了这个洞口，老鼠杰瑞就从其他洞口跑出去了。如果你细心观察的话，你还会发现这几个洞口的高低位置都不一样。大家不要以为这是为了产生喜剧效果而随意瞎掰的，真正的老鼠洞确实有好几个洞口，而且洞口的位置也确实有高有低。

不只老鼠洞如此，你去看《动物世界》就明白了，很多穴居动物的洞口都是如此安排的。那么，穴居动物的住处为什么会有高低不同的几个洞口呢？你知道这样的安排有什么秘密吗？

穴居动物之所以会有几个洞口，而且洞口的位置分别处于不同的高度上，是为了空气的“对流”。这是一种热传递的方式，能把热量从热的地方输送到冷的地方。众所周知，地下的温度不怎么高，当动物处于自己的巢穴底部时，它们呼吸着周围的空气，而它们的体温会让周围的部分空气受热。当空气受热后，就会上升，如果高处没有洞口的话，这些热气体就无法流出去，空气就无法流转、通畅了。所以，为了让空气更好地流动，动物的洞穴就设置了高低不同的洞口，受热上升的这部分比较混浊的空气会从上方的洞口流出，而下方的洞口则会涌入新鲜的空气来补充，就形成了一个自动通风系统。

不仅老鼠洞是如此，我们生活的地球以及太阳的外部圈层也是如此，都是通过对流来由内而外地传递热量、交换空气。这样，来自太阳的光和热才能到达地球，地球上的空气也能保持流动、新鲜。

被祝福的孔明灯

我们在看影视剧的时候，有时候会看到这么一个浪漫的桥段：男主角带着女主角去放孔明灯，并许下两人一生一世在一起的美好祝愿。其实自古以来，中国人民就喜欢放孔明灯，通过孔明灯来向神明表达自己的诉求和愿望。既然如此，我们就来做一个小小的孔明灯吧！

先准备好做孔明灯需要的东西：三张大薄棉纸、裁纸刀、剪刀、尖嘴钳、棉线、工业酒精、胶带、电线、棉花、竹条。东西准备好后，就可以做了。

第一步，用刀将竹条裁剪成小于3毫米厚度的一个薄条，然后，将这根竹条弯成一个圈，用棉线或着胶水固定住。因为竹子有弹性，竹圈可能不怎么圆，这时可以用小火烤一烤，使竹圈固定成圆形。

第二步，用尖嘴钳把废电线外面的绝缘层去掉，可以得到一股细铜丝。如果铜丝太细的话，预防烧断，可以用3根铜丝拧在一起。然后把这股铜丝弄成一个十字架的形状。

第三步，将三张薄纸叠放在一起，然后将纸张对折一次，用裁纸刀将这些薄纸剪出一个弧形。然后将这三张弧形的纸粘在一起，形成一个与竹条围成的圆圈等大的圆柱体。

第四步，将这些粘好的纸片底端固定在竹条围成的圆圈上，把用铜丝做成的十字架固定在圆圈上。

第五步，在十字架铜丝上缠上浸了酒精的棉花，孔明灯就做好了。

找一个空旷、无风的地方，点燃棉花，就可以放飞孔明灯了。

看到这里，你能否明白孔明灯的工作原理呢?

同时注意：孔明灯必须要在无风的天气和空旷的场地上放飞，否则不但不能飞上天，而且还可能会引起火灾。放飞时，需要2～3人的共同协力，强烈要求有成年人陪同。另外，可以在孔明灯底部拴上线，这样既可以重复放飞，又能控制起飞高度和范围，避免引起火灾。

孔明灯之所以能被放飞，是利用了空气的重量和密度。由于棉花上浸湿了酒精，所以，一点就着了。棉花烧着后，带来了热量，使孔明灯内部的空气温度升高。空气温度升高后，密度就会变小，质量就会比孔明灯外面的冷空气要轻，所以就产生了一个上升力，孔明灯就往天上飘了。相传三国时，诸葛亮被围困在平阳，诸葛亮（字孔明）发明了这一灯笼，用来报信，后人就称为孔明灯。

会“冒汗”的鸡蛋

你不要以为只有人热了才会流汗，鸡蛋要是热了的话，也能“冒汗”呢！不相信？那我们这就来看看鸡蛋是怎么“冒汗”的吧！

在实验之前，你需要准备的东西有一个易拉罐（要比鸡蛋大一点）、一些沙子、一个新鲜的鸡蛋、一盏酒精灯和一把铁钳。

东西准备好后，拿起剪刀，把易拉罐的上半部分剪掉，大约剪去三分之一就可以了，然后再往易拉罐里放一些干燥的沙土。做好这些后，将鸡蛋埋进易拉罐的沙土中，记得将大头那端放进沙土里，露出小头的那一端。接着，点燃酒精灯，并用铁钳夹住易拉罐，将其放在火焰的上方。这是一个时间有点长的过程，需要做实验的人有一定的臂力和腕力，不能中途将易拉罐放下来。就这样，用酒精灯对易拉罐持续加热，你会看到什么情景呢？

如果不出意外的话，没多久，你就会看到易拉罐中的鸡蛋蛋壳表面上冒出了一小滴一小滴的水珠，就好像鸡蛋在“出汗”似的。请问，这是怎么一回事呢？

这是因为鸡蛋像人体一样，人有毛孔，鸡蛋壳中也有细孔。

我们看鸡蛋的外壳，不用触摸，单用眼看，就能看出蛋壳的表面是粗糙不平的，甚至在有些蛋壳上还能看到许多的小细孔。据不完全统计，一只鸡蛋表面的小孔有7000个左右。为什么鸡蛋壳上有这么多小孔呢？这是因为鸡蛋是有生命的，而生命的存活则离不开空气；而且，蛋中的小鸡想要生长发育，也都是需要呼吸的。它们所呼吸的空气就是通过蛋壳上的小孔进入蛋内的。

当我们给鸡蛋加热的时候，因为温度升高了，鸡蛋壳表面的气孔受热膨胀，将鸡蛋壳内的水从各个气孔中挤了出来，就形成了鸡蛋冒汗的现象。不仅外部的空气能让鸡蛋壳“冒汗”，如果你用注射器往鸡蛋里面注射空气的话，也是能形成较大的空气压力的，依然会让鸡蛋“冒汗”。

一个关于氧气的实验

所有的人和动物为了生存，都必须呼吸空气、必须吃食物、必须喝水，但是，植物又不像人和动物一样会寻找食物，它们也没有鼻子、嘴巴，是怎么活下去的呢？不用担心！尽管植物看似什么都不具备，但是它们却能进行光合作用，而这就是它们存活的根本。植物在进行光合作用的时候，能够借助于太阳把空气中的水分和二氧化碳合成一种含糖的化合物（葡萄糖）后，再生产出自己需要的养分，同时释放出氧气。如果是水生植物的话，就会吸收溶解在水中的二氧化碳，再把氧气释放到水里。

与人、动物不一样的是，植物需要呼吸的是空气中的二氧化碳，然后会生成人与动物赖以生存的氧气。不过，植物真的能释放出人类所需要的氧气吗？我们可以做个实验来证明一下。

找两株池塘里的水生植物（伊乐藻和水藓都可以）、三个带有盖子的干净的玻璃瓶子、三枚用润滑凝胶薄纸擦拭过（为了除去铁钉上的防锈物质）的铁钉、充足的开水、从药房买回来的三小包碳酸氢钠、一个薄纸板、一卷透明胶带。准备好这些东西后，就可以在三个玻璃瓶中装满开水了，并在每个玻璃瓶中倒入一包碳酸氢钠，在每个玻璃瓶中投入一枚铁钉。做好这些后，就把这两株水生植物分别放在其中两个玻璃瓶中，再给其中一个玻璃瓶裹上一层用来遮光的纸板，另一个玻璃瓶什么也不做。最后，给这三个玻璃瓶都盖上盖子，将它们放在一个阳光充足的窗台上，等待一天或者一天以上的时间，你看看最后发生了什么变化。

过了一天多后，你会看到其中一个玻璃瓶中的铁钉开始生锈了，而这个玻璃瓶就是既装了水生植物，同时又暴露在阳光中的那个玻璃瓶。另外两个玻璃瓶中的铁钉则没有生锈的迹象。你知道这是为什么吗？

这是因为暴露在阳光中的玻璃瓶里面放了水生植物，所以生成了氧气，让铁钉生锈了。

众所周知，潮湿的空气会令铁制品生锈，是因为铁和氧发生了氧化反应，而这两个条件如果缺少了一个，铁钉就不会生锈。在实验刚开始的时候，三个玻璃瓶中的水都不含有氧和二氧化碳，因为这两种气体在水沸腾的时候就已经从水里跑掉了。当你在开水里溶入碳酸氢钠后，水里就会生成植物光合作用所必需的二氧化碳了。但是，植物光合作用只有在光的作用下才会进行。因此，暴露在阳光下的那个玻璃瓶里的植物发生了光合作用，生成了让铁钉生锈的氧气气泡。被纸板遮掉光线的玻璃瓶子则没有生成氧气，里面的铁钉自然也就不会生锈了。

Part 3
清澈怡人的水：你不知道的关于水的许多古怪脾气

白居易在他的诗歌《玩止水》中说道:“动者乐流水，静者乐止水。”这说明了不同性格的人喜欢的水的形态是不一样的。然而，大家知道吗?不仅人有或动或静的性格，水也并不是表面看起来的那么清澈怡人，它有许多古怪的脾气:当水安静的时候是涓涓细流，当水狂躁的时候可以是洪水猛兽，当水有耐力的时候可以水滴石穿……此外，水还可以变成固体、气体，总之，令人捉摸不透。而且，水还是地球表面覆盖量最多的天然物质，是人类、动植物赖以生存的源泉。所以，对人类这么重要的水，又有着那么多无法估量的性格和脾性，那么我们就更加需要来重新认识一下水了，以便加深对它的了解。

净化水和蒸馏水

随着污染越来越严重，市面上开始售卖净水壶、自来水净化器，甚至还有商店在卖蒸馏水，说这样的净化水喝了对人体有好处。净化水和蒸馏水对人体有没有好处暂且不说，我们先来讲讲水是如何净化的，以及蒸馏水是怎么做出来的。

首先，取一个洗干净的 2.5 升的塑料大可乐瓶，将可乐瓶的底部裁成一个开口的形状。在瓶盖上打一个小孔，能插入吸管即可。插入吸管后，最好与瓶盖内侧保持严密，以便净化后的水能流出来，然后再用胶水黏合吸管与瓶盖的缝隙。接着，拧紧瓶盖，将瓶子倒置过来，留着备用。

为了让实验的效果更加明显，在净化之前，就不要选择自来水了，而是选用泥浆水。接着，在可乐瓶子中依次放入棉纱布（最好为医用脱脂棉纱）、碎石、沙砾、细沙、木炭粉等，最后再盖上滤纸，然后缓慢地倒入泥浆水。

在瓶口（即可乐瓶的瓶盖与吸管的连接处）下放一个干净的玻璃杯，用来接住从吸管中滴出来的水。你会看到，从吸管口滴落下来的就是经过过滤的干净的水了。

在制作蒸馏水的时候，不用这么复杂，只需要准备一盆水、半袋盐、一个玻璃杯、保鲜膜就可以了。先在这盆水中加入半袋盐，搅拌均匀后，把一个空玻璃杯放在水盆的正中间，最后再用保鲜膜将水盆密封好。做好这些后，就找一个小石块或其他有重量的东西放在保鲜膜的正中间，使得保鲜膜塌陷成一定的坡度，最低点恰好对着玻璃杯的杯口。慢慢地，这个玻璃杯就会被蒸馏水而填满了。

那么，你能说一说净化水和蒸馏水的制作原理是什么吗？

制作净化水的时候，我们看可乐瓶中放的东西，有棉纱布、沙砾、木炭粉等东西，这些东西都具有过滤的作用，能够过滤掉水中的泥浆。尤其是木炭粉这个东西，可以有效去除水中的小分子有机物、色、味、重金属等有毒有害的物质，改善水的口感，还具有长期的杀菌、抑菌功能，制作出来的净化水既干净又卫生。

顾名思义，蒸馏水有一个很重要的步骤就是“蒸”（也就是高温）。在这个实验中，我们将装置好的水盆放到阳光底下，水分就会受热蒸发，而后冷凝在保鲜膜上面，顺着保鲜膜被压出的坡度滴落在空杯子中，形成了纯净的蒸馏水。就像家里每次蒸包子、馒头的时候，锅盖上面的水珠其实就是蒸馏水。这个方法经常被中东的一些国家使用。因为当地的客观条件不足，缺乏淡水，他们就利用蒸馏的方法将海水淡化，很容易就能取得饮用水。

水火相容

自古以来，我们都听说过“水火不相容”这个词语，现实生活也告诉我们确实是如此。可是，如果水火不相容的话，报道中出现的“海底火山喷发”这样的新闻又是怎么回事呢？按理说，海底的火山不是应该被海水浇灭了吗？怎么还会喷发出来，形成海啸呢？如果你想知道是怎么回事，就让我们在水中模拟一次“火山喷发”的情景吧。

先准备好一个广口瓶，装上约3/4的冷水。一定不能太满，以免玻璃瓶入水时，冷水溢出瓶口。再找一个透明的玻璃瓶，大小以能被装进那个广口瓶为好，高度最好是广口瓶的一半，这样产生的实验效果会更加明显。接着，为了控制玻璃瓶的速度，可以在玻璃瓶的瓶口上系一根细绳，拽着这根绳子把玻璃瓶有条不紊地放入广口瓶中。在将玻璃瓶放入广口瓶之前，先要在玻璃瓶中滴入数滴红墨水，然后再加满热水，混合成红色的液体后，才能将玻璃瓶放入广口瓶的中底部。

等放好后，你就能看到玻璃瓶中的红色液体慢慢地从瓶底生成了一朵一朵的“红云”，浮现在广口瓶的上端，看起来就宛如火山喷发的情景。

请问，墨水为什么会自动地喷上来呢？为什么红色液体没有四处蔓延，而是往上漂浮呢？

这是因为玻璃瓶中装满了热水。水遇热后会膨胀，导致温水的分子距离比冷水的要大。因为温水的密度小，同样体积的水，温水的重量要比冷水的轻一些，所以，红色的液体就会上升，而冷水自然下沉，就形成了火山爆发一样的现象。

当温水与冷水混合一体后，色素便会在水中迅速扩散开来，因此，就形成了红色的“云朵”，充满了广口瓶的上端，直到它们在水中的热量互相传递达到一致为止。如果你想看见彩色“火山”的喷发效果，也可以用五彩的颜料来替代红色墨水。

海水之所以扑不灭海底火山，是因为海底火山的“火”与陆地上的“火”不一样。我们平常所说的“火”指的是物体正在进行的发光发热的一种氧化反应，而火山中的“火”却是一种炽热的岩浆，并不是正在进行着的反应，所以水对它没有什么作用。再者，火山的热源来自于地壳的深处，那是水到不了的地方。当岩浆喷发到水中时，只能说被降温、被冷却，却不会被扑灭。当旧的岩浆被冷却后，新的岩浆又喷出来了，海底火山就这样形成了。

零度的沸腾

在一节实验课堂上，老师向同学们提了这么一个问题："同学们，你们知道沸腾的水是多少摄氏度吗？"

同学们觉得老师问的这个问题太简单了，但还是大声回答道："是100℃。"

老师听后笑着说："看来同学们都知道这个生活常识啊！但是，今天我就是要告诉你们，不仅100℃的水可以沸腾，接近0℃的水也可以沸腾。"

同学们听后面面相觑，纷纷说："这怎么可能？"

结果老师也没有多说，而是拿来了准备好的东西，开始了实验。

老师准备的东西很简单：一杯刚从冰箱中拿出来的冰水、一个有盖子的小容器、酒精灯、一个小脸盆。老师先在这个小容器中加入了自来水（注意不要加得太满，一是避免水开了溢出来，二是为空气留有空间），然后点燃酒精灯，将凉水烧开（在烧水的过程中，这个容器一定要盖上盖子，保持一个封闭的状态）。当老师看到水沸腾后，就停止了加热。接着，老师就将容器放入了水盆中，并把冰水浇在容器的上面，神奇的一幕出现了：容器内部已经停止沸腾的水又开始沸腾了！

同学们纷纷称奇，却不知道是怎么回事。当老师讲解了其中的奥秘后，同学们才恍然大悟。你知道为什么会有这样的奇迹发生吗？

用零度的冰水让水沸腾起来，就是利用了水的沸点、冰点与大气压强之间的关系做到的。通常状况下，在标准大气压下，水要达到100℃才能沸腾。但是，随着气压的改变，水的沸点是会改变的。当气压升高时，水的沸点会升高；当气压降低时，水的沸点会降低。

在这个实验中，比如在高山之上，沸水不能把鸡蛋煮熟，是因为高山的气压低，使水不到100℃就沸腾了。

水刚烧开的时候，里面的空气会受热变成水蒸气，溢出水面。但是，由于这个实验中的容器是封闭的，所以这部分水蒸气只能充盈在没有水的空间中，并不会溢出来。当用接近零摄氏度的冰水去浇灌这一部分的时候，导致这一部分的温度降低了，使得水蒸气冷凝成了水滴。这样一来，这部分空间的气压就变小了，导致水的沸点也降低了，所以，不沸腾的水又开始沸腾了。

可乐的三种形态

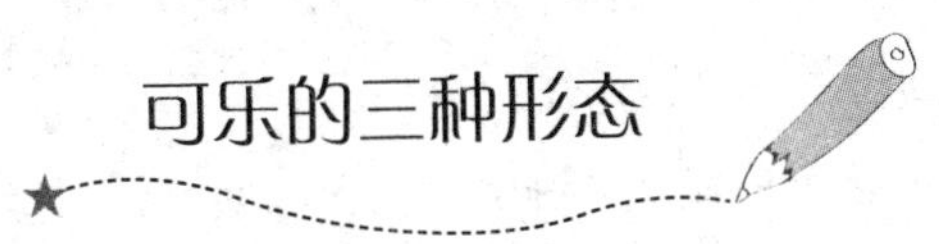

一到夏天，可可最喜欢的就是喝冰可乐了。所以，一入夏，可可就会让妈妈买来很多可乐，并将它们放到冰箱的冷冻层中。等感觉特别热的时候，就拿出来喝一瓶，特别爽。

不知道是不是这个夏天的可乐冻得太多了，这一次，可可从冰箱里拿出来的可乐已经有一半结冰了。可可用手捏捏冻成冰的那部分，发现硬硬的，捏都捏不动。而没有被冻住的那部分，则直接被捏得变了形。可可觉得十分好玩，就在那捏来捏去的，等玩够了才拧开盖子打算喝。然而，当可可拧开盖子的瞬间，一股气“刺”地冒了出来。可可顿时觉得好神奇啊！一瓶小小的可乐，既有固体，还有液体和气体，岂不是和我们的世界一样吗？

请问，你是怎么看待固体、液体和气体的呢？为什么可可会觉得小小的可乐和我们的世界是一样的呢？

所谓固体，就是指具有一定的体积和固定形状的物体，质地比较坚硬，组成它的微观粒子会按照一定的规则排列起来，

是人们口中所说的结晶态，比如石头、木头等。由于这些固体的物质微粒都有较强的相互作用力，能够在各自的平衡位置附近做无规则的振动，因此固体都有一定的体积、形状，并且融化和凝固都有确定的温度。

所谓液体，则是一种没有固定形状、能够流动的，但是有一定体积的、不容易被压缩的物体，比如牛奶、饮料等。组成液体的微粒之间也有较强的作用力，分子的排列情况接近于固体，却不像固体那样会凝聚在一起。所以，液体可以泼洒出来，可以肆意改变形状，放在什么样的容器中就是什么样的形状。

所谓气体，就是指既没有一定的形状，也没有一定的体积的物体。气体分子间的相互作用力很小，总是充满整个容器中，很容易被压缩。几种不同的气体可以均匀地混合在一起，不会像两种不相溶的液体那样会出现明显的分界面。

可可之所以觉得从冰箱里拿出来的小小可乐和我们的世界是一样的，是因为那瓶可乐涵盖了固体（可乐冰块）、液体（可乐本身）、气体（可乐里面的二氧化碳）这三个构成世界的物质。

可以被蒸发的水

都说水可以蒸发，但是你具体观察过水被蒸发的过程吗？水在蒸发的过程中，什么因素会影响到蒸发的速度呢？我们来做一个实验看一下。

现在给你一个量杯、一个洗脸盆和一个瓶子，再给你适量的水，需要你按照以下步骤做个实验。先用量杯取一定量的水，倒入瓶子中；再用量杯取同样多的水，倒入洗脸盆中。然后，你把洗脸盆和瓶子同时放在一个阳光充足的窗台上。那么，等到第二天早上，你再用量杯去测量洗脸盆和瓶子里面的水，你会发现什么呢？你知道原因吗？

你会发现，洗脸盆和瓶子里原本一样多的水变得不一样了，洗脸盆中的水比瓶子里的水减少得更多。

这是因为水分子受热后运动会加剧。因为游戏中要求把装有水的洗脸盆和瓶子放在阳光充足的窗台上，所以，里面的水分子遇热后会发生汽化现象，即蒸发。在蒸发的过程中，影响蒸发量的就是温度、液体暴露的面积和液体的压强了。在这个实验中，被蒸发的都是水，而且都是放在阳光下，因此，温度和压强是一样的。但是，之所以洗脸盆里的水蒸发得快，而瓶子里的蒸发得慢，是因为相比开口较小的瓶子而言，洗脸盆的面积更大，裸露在阳光下的水更多，所以会蒸发得更快些。也就是说，同样是两摊体积差不多的水，较小较深的那摊水会干得比较慢，而较大较浅的那摊水会干得比较快。

那么，水蒸发后去哪儿了呢？难道就是在不断这样减少吗？当然不是。要知道，地球上的水总是在不断地循环着的。水在蒸发的过程中会变成大家肉眼看不见的水蒸气，进入到大气中。这些水蒸气在空中遇冷后会凝结成水汽、雾或者云。当云层过厚时，水就会以雨、冰雹或者雪的形式，重新降落到地面上来。这些降水会慢慢渗入地表中，形成地下水。在有泉源的地方，这些地下水就会重新露出地表。所以，其实这些水并没有消失不见，而是以不同的形态在循环着，在滋养着我们整个世界。

“冰”胶水

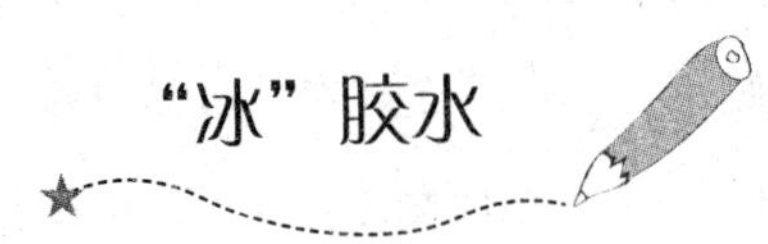

一到冬天，东北父母最常叮嘱小孩子的一句话就是“不要舔室外任何铁的东西”。无一例外，今年冬天，小东又一次听到了父母这样的嘱咐。以前小东年纪小，爸爸妈妈说什么他都听，但是今年小东觉得自己已经上五年级了，是一个大孩子了，不能再这么“盲目”地听妈妈的话了。于是，小东就想：“哼！有一天，我一定要去舔一舔铁的东西，看看会发生什么。”

有了这个想法后，小东就开始付诸行动了。在周五晚上，小东悄悄地将自己的铁文具盒放到了窗户外面的阳台上。巧的是，这一天半夜里下了大雪。等到第二天下午，爸爸妈妈都有事出门了，小东就来到窗台上，从冰雪中找到被覆盖的文具盒。“啊，好冰！”小东叫了一声。接着，小东看着冰冷的文具盒，狠下心，一闭眼，用舌头舔了过去。结果，小东发现，他的舌头与文具盒粘在了一起！

小东很着急，却说不出话来，只能“呜呜哇哇”地乱叫。小东想把文具盒从舌头上薅下来，结果稍一用力就揪得舌头直疼。没办法，小东只能用手捧着文具盒，进房间给爸爸妈妈打电话。等接通了电话，小东也说不出话来，爸爸妈妈在那边还以为是小东的恶作剧，说一会儿就回来了，然后把电话挂了。小东欲哭无泪，正当不知道该怎么办的时候，文具盒自己掉下来了！

等爸爸妈妈回来后，小东就问他们为什么冬天不能在室外舔铁的东西。爸爸妈妈看小东这么好奇，就给小东讲解了一番，小东这才知道是怎么回事。亲爱的读者朋友们，请问你们知道舌头与铁文具盒为什么会粘在一起吗？

这一切还是因为水和它的状态的转化，即凝固。

因为人的舌头上有唾液，而唾液中含有很多的水分，所以，当温度足够低（当然要等于或低于0℃）的时候，这些水便会结冰。其实不仅是舌头，人体的皮肤表面即使不出汗的时候，也会有一些水分，只不过这些水分比较少，所以不会在冬天被冻住。当水分够多的时候，你再接触到一个很冷的东西，皮肤上的水差不多就会在瞬间结冰了。

实际上这种现象不只是在带铁的东西上发生，像铜、铝等其他金属也会有这种现象。冬天温度本来就比较低，而这些金属又很容易导热、导冷，所以，一接触到温度较高的部位，就会迅速传走接触部位的热量，导致表面的水分结成冰。

不过只要过一会儿，身体的热量就会渐渐地把冰融化，那时就没有危险了。千万不要在结冻时用力拉，那样会把你的皮肤拉伤的。

管子的妙用

说起管子，种类繁多，有金属管子，有塑料软管，有大型管道，还有小小的吸管。管子有这么多，那么，它对于人类的生活有什么用呢？大家一起来做一个实验看一看管子的妙用。

先去找一个漏斗和一根长约17～20厘米左右的橡皮管子（管子的内径要比漏斗的口径大一些）。你先把漏斗单独放在自来水龙头的下面接水，慢慢地把自来水龙头的出水调大，直到漏斗里面蓄满了水，也来不及漏水时，你会看到自来水会从漏斗的上沿溢出来。这个时候，再把橡皮管套在漏斗口上，你有没有发现漏斗漏水的速度会马上加快呢？很快，水就不再从漏斗上沿溢出来了，而是顺着管子流了出去。如果这个时候你再拔掉管子，就会看到漏斗内又迅速挤满了水，来不及漏掉。

小小的软管有这么大的作用，那你知道这是怎么一回事吗？

这是因为管子具有“空吸”的作用。如果流动的物体重量比较重，而且又是往下降落的话，那么，安装一根管子可以加

大流体往下流出的速度；如果流动的物体重量比较轻，流体又是往上升的话，安装一根管子可以加大流体往上升的速度。这就是厨房要装烟囱、抽油烟机的原因，它可以使炉内的空气流动速度加快，炉火变旺。

但是，如果没有安装管子，在重力的作用下，水的下落速度将会越来越大，而漏斗的口径就那么大，水下落的速度超过了漏斗往下漏水的速度，水就会积在漏斗中，直至溢出来。接上管子后，水是在管子里下落，加速下落的水就会通过管子对漏斗产生空吸作用，从而大大增加出水速度。

与开水共存的冰

众所周知，冰一遇热就会融化为水，但是，你知道在有些特殊的情况下，开水和冰也是可以共存的吗？

我们先在冰箱的冷冻室里制作出一块冰。为了在之后的实验中能与水区分开来，我们在制造这块冰之前最好加入一些墨水，第二天就能得到一块有色的冰块了。然后将冰块敲成小碎块，放置到试管的底部，并用一块小石头压住，以免冰块浮到水面上来。接着，往试管里面加水，不用太满。做好这些后，再用试管夹夹住试管，靠近酒精灯或者炉火，让小石头以上的试管部分充分加热。不一会儿，小石头上面的水就烧开了，你能看到水在沸腾。但是，石头之下的冰块却纹丝未动，既没有融化，也没有烧开的迹象。

那么，请你来说说看，为什么会产生冰、开水共存的这种奇特的现象呢？

冰块之所以能够与热水共存，关键在于加热的方法比较特殊。仔细阅读这个实验说明，你会发现，在加热时火焰对准的是试管的上半部分（即石头的上方）。水在加热的过程中，试管上部的水会因为受热而膨胀，从而变得比较轻，停留在试管的上部。

热量从一个物体传到另一个物体是需要一定的介质的，比如金属、水和石头等就是热的不良导体。由于水的“传热率”很小，因此，热量传到试管底部的速度就变得很慢，不能很好地传递到试管下面，所以试管底部的温度一直很冷，导致冰块无法融化。说白了，这块冰并不是“热水中的冰”，而是“热水下的冰”，所以即使上面的水开了，下面的冰块还是不受影响，当然就不会融化了。

会喷射的水珠

小明的爷爷在家里养了很多花花草草，非常精心地照顾着它们。当这些花花草草开花、长新叶的时候，看起来漂亮极了，让观赏到的人心情也很舒畅。

周末小明又去爷爷家玩耍，他发现爷爷在用一个盆子浇水，一不小心把水浇多了，爷爷很着急，立即采取了补救措施。小明就问爷爷为什么不用之前的喷水壶了，爷爷才告诉小明喷水壶坏了，还没来得及去买新的。

小明正好看到客厅的茶几上有一大瓶可乐，他就想起来不久前在手工课上看到的自制喷水壶的内容了。于是，小明就对爷爷说："爷爷，不用买喷水壶了，我可以自己给你制作一个。"

爷爷哈哈一笑，以为是小孩子说大话，也没有当真，就去忙自己的了。而小明就在网上搜好教程，并准备好了以下几样东西：大可乐瓶、水、吸管。

接着，小明拿出来那个大可乐瓶，往瓶里灌了 2/3 左右的水。又取一个吸管，在吸管的 1/3 处用刀切了一个口（不用切断，得让这个切口与吸管连接在一起），并把吸管弯成 90° 。然后，小明把吸管距切口长的一端插到了可乐瓶的水中，而短的一端则放到嘴里用力吹气。这时，小明就看到瓶里的水被吸了上来，并变成小水珠从吸管的切口处喷射出去了。

值得注意的是，吸管一定要弯成90°，制作出来的喷壶效果才最为理想，不然的话水就容易被吸进口里，或是吸不出来，在瓶里产生气泡。

小明的爷爷看到了这个简易的喷水壶，觉得不错，就大力夸赞了小明一番。请问读者朋友们，这个简易的喷雾器的工作原理是什么呢?

水往低处流，空气也从高气压向低气压流动。如果空气流动的速度加快的话，那么它周围的气压就会下降，从而使其他地方的空气流向它的周围。同样的原理，如果人使劲吹吸管的话，那么出气口部分的气压就会下降，从而瓶中的水就会被压上来。同时，被压上来的水，因强劲的风速而变成小水珠喷射出去。喷雾器就是利用了这样的原理。

测试水的硬度

我们形容一个温柔的女人经常会用到“柔情似水”这个词语，这说明在众人的心目中，水是柔软的。但是，自然界却告诉我们，那些轻轻柔柔的水也可以变得很“硬”。不相信的话，就一起来测量一下水的硬度吧。

先准备一些自来水和蒸馏水、两个带盖的空玻璃瓶和一些洗涤剂等。然后，在其中的一个玻璃瓶中加入自来水，而在另一个玻璃瓶中加入蒸馏水；再在这两个玻璃瓶中分别滴入一滴洗涤剂，并给两个玻璃瓶盖上盖子。拧紧盖子后，你就可以大幅度地剧烈晃动里面的液体了，让洗涤剂和这两种不同的水充分地融合。

晃动一会儿，你就会看到这两个玻璃瓶中的变化与不同了：同样都是一滴洗涤剂，装有蒸馏水的那个玻璃瓶中泛起了很多泡沫，而装有自来水的瓶子则几乎没有泡沫，除非再往里面多加入洗涤剂，自来水里面才会起泡沫。

你知道这是为什么吗？

这是因为水的“硬度”不同，所以产生的效果也不一样。所谓水的硬度，就是水中含钙镁的量的多少。水分子的含量不同，与洗涤剂的分子结合也不一样。当水分子与洗涤剂分子结合后，会形成化学键，而这些化学键是泡沫产生的基础。

在硬水中，钙镁离子与水分子形成化学键，已经占用了大量的水分子，所以起泡比较难。什么是硬水呢？就是水中的钙镁量越高，水质就越硬。在这个实验中，蒸馏水里面压根不含钙镁，与洗涤剂也就产生不了化学反应，自然只需要一滴洗涤剂就能起很多泡沫了。相对蒸馏水而言，自来水需要更多的洗涤剂才会起泡沫，原因就在于自来水中存在着很多的钙镁。

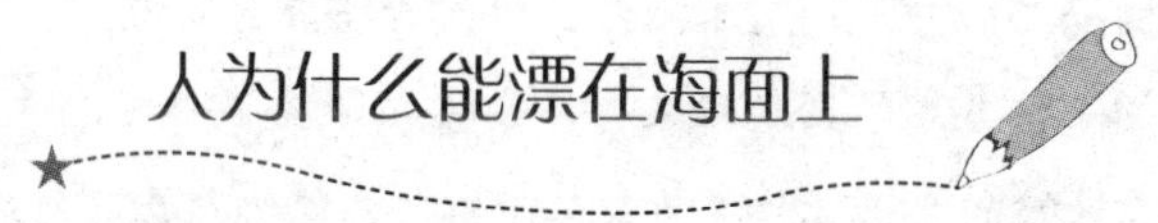

人为什么能漂在海面上

你知道死海吗？死海是世界上最深的咸水湖，海水中含有高浓度的盐分，致使水中没有生物存活。但是，死海也很神奇，有人想要跳死海自杀的话，却沉不下去，而是漂浮在海面上了。

除了死海，很多人还发现，在大海上漂浮着要比在游泳池里漂浮着容易多了。如果你去各地旅游过的话，你还会发现，在地中海里游泳比在大西洋里简单得多。上述现象的出现是为什么呢？一个简单的小实验就能为你揭开谜底。

首先，你需要准备一些用染过色的水冻成的小冰块。同时，准备一个大玻璃杯，并倒入 3/4 杯的浓盐水。准备就绪后，你就轻轻地把小冰块放在玻璃杯的水面上。毫无疑问，刚开始这些冰块都会浮在水面上。渐渐地，你就看到这些冰块融化成水了。这个时候，如果你不碰玻璃杯的话，那么玻璃杯中是怎么样一种情景呢？你会发现冰块融化成的有色水还是留在了水杯的最顶层，没有和杯子里的盐水混合到一起。这是为什么呢？难道是因为冰水和盐水的颜色不一样吗？你能解释这个原因吗？

冰水和盐水泾渭分明，没有混合到一起，当然不是因为它们的颜色不一样，而是因为冰块中不含盐分，是由“软水”形成的。而盐水的密度较大，与冰块的密度不一样，所以，当冰块在缓慢的融化过程中，融化成的水会停留在盐水的表层。

人体自身的密度与水相比的话，也是要大一点点的。水的密度越大，人就越不容易沉下去，这就是为什么人在海水中更容易漂浮的原因。所以，在密度较大的盐水（海水）中，人们能够轻松地浮起来，把头露出水面。不过，从海水中出来后，一般需要用淡水冲洗一下，不然身体就会觉得很痒。

什么是水锤现象

众所周知，水是人与自然的生命活动必不可少的一种物质，具有溶解气体的能力；水具有溶解水溶性固体和液体的能力。此外，水也可以产生力，比如水车就是利用水的运动惯性成为灌溉工具。这一节，我们来讲讲水锤现象。

你听说过“水锤现象”吗？如果你没有听过的话，我们可以做个小实验，来具体向大家说明一下。

有条件的话，你去找一根塑料管子，管口直径要比卫生间的水龙头大一点点。找来管子后，你将塑料管子接在水龙头上，然后慢慢打开水龙头。不要开太大，只需要开一点儿就可以，让水龙头能流出一丝水流即可。这个时候，即使你不将塑料管子固定在水龙头上，管子也会安然无恙地挂在水龙头上。如果你突然将水龙头开到最大，这时，你会发现什么呢？

如果不出意外的话，你将会看到塑料管子被水龙头里的水流“唰”的一下冲下来了，除非你把塑料管子固定得很好。请问，你知道这是怎么一回事吗？

答案

上述情况就是“水锤”现象。所谓水锤现象，就是指水（或其他液体）在输送的过程中，由于阀门突然开启或关闭、水泵突然停止、骤然启闭导叶等原因，使液体的流速发生了突然的变化，压强产生大幅度波动的现象。

之所以会产生这个现象，是因为水有一个临界的流量。低于这个流量值，水流就比较平稳；超过这个流量值，水流就会紊乱。当水流量接近这个临界值的时候，水流会在两种状态间摇摆。如果这个时候，房间内的水龙头或者水管恰好没有接好，那么，房间会与水流发生共振。当我们突然开关水龙头的时候，水流中也会产生一个冲击波，这个力会沿着管道和龙头传播，使它们振动。这就是水锤了。

通常情况下，水锤现象发生在一个水龙头或者一根水管衔接不牢的时候。如果你把水龙头拧开一点，流出的水很少，水得以流出的体积和水流的速度都很小，再加上水流在经过塑料管道和水龙头时一路会受到摩擦，所以水的作用力没多大。但是，当你突然把水龙头开大后，水流出的体积就骤然增大了，速度也变快了。

水锤现象中有两个效应，分别是正水锤和负水锤。顾名思义，当打开的阀门突然被关闭后，水流会对阀门及管壁产生一个压力，导致后续水流在惯性的作用下迅速达到最大，并产生破坏作用，这就是正水锤；相反，关闭的阀门在突然被打开后，也会产生水锤现象，但是没有前者的破坏力大，叫作负水锤。

由于水锤现象可以破坏管道、水泵、阀门、并引起水泵反转等，所以，预防水锤发生极为重要。

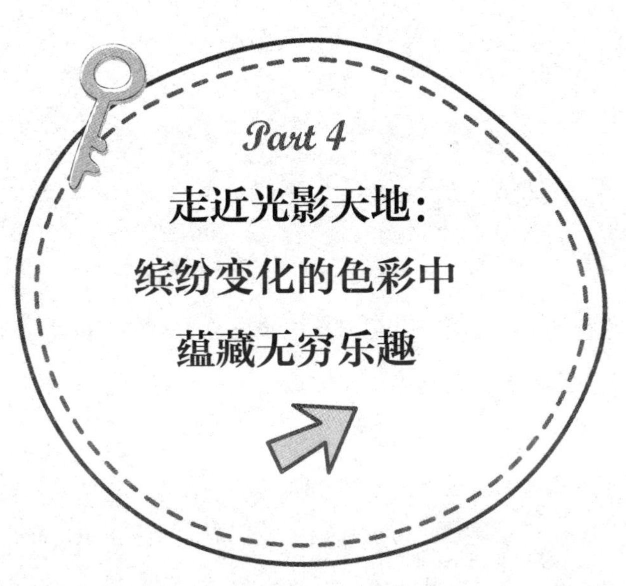

Part 4

走近光影天地：缤纷变化的色彩中蕴藏无穷乐趣

随着科技的发展，我们的生活越来越便利了，但是，伴随而来的是更多令人不解的问题，比如说电影是如何从无声到有声、从黑白到彩色的？为何人们能把图像放到投影仪上？远在几公里之外的光为何还是那么耀眼明亮？照相机是怎么将人照进去的？这一系列问题让我们的生活变得多姿多彩、五光十色，却也引发了人追求科学的好奇心，想要一探究竟。所以，这一章我们就一起走进光影天地，去色彩斑斓的世界中寻找科学的乐趣吧！

黑暗中的镜子

提起“光”，这可是个好东西。光为人们带来了明亮的世界，方便人们的生活和工作，让人们不再害怕黑暗。所以，光是一种非常神奇、伟大的东西，甚至有人将“光”比作神。

然而，你知道吗？就是这么厉害的光之神，也会轻轻松松地就被很多爱美之人当作心头宝。这些爱美之人恨不得每天把脸粘在镜子上，一天 24 个小时都欣赏自己美丽的容颜。那么，你有没有试着在黑夜之中去照镜子呢？放心，这不是让你演恐怖片，而是让你更好地认识一下光而已。如果没有的话，你可以去实验一下，你会对光有一个新的认识。

在做实验之前，请准备好以下东西：黑色的硬纸板、一把剪刀、一面大的化妆镜、一叠书本和一个手电筒。

准备好东西后，你就可以将黑色硬纸板折叠成一面垂直的纸壁了，并将其放在桌面上。然后，用剪刀在纸壁上剪出三道狭长的缝隙。接着，把镜子靠在纸壁正对面的一叠书本上，把手电筒平放在缝隙后面的桌面上。做好这些后，你就可以熄灭房间里的灯或者拉上窗帘了，尽量不要让光线进入房间中。这个时候，打开手电筒，你会看到手电筒的光穿过了硬纸板上的缝隙射到了镜子上。当光照到镜子上后，又被镜子反射回来，便在房间中形成了一个反射光。所以，你可以在漆黑的房间中看到这些光。

那么，你知道这是怎么一回事吗？

这是因为当光线从光源发出来之后，会沿着直线进行传播。因为光的传播不需要任何介质，所以手电筒的光会穿过硬纸板的缝隙，射到镜子上。但是，当光在传播的过程中遇到了障碍物时，会根据障碍物的特性，发生偏折，所以会出现反射、折射或者散射等不同现象。我们日常照的镜子因为在背面精镀了一层薄金属，所以，光无法穿透这样的镜子。而且，镜子的正面，即照出人影的光滑的表面是可以反射光线的，所以，穿过硬纸板的光照在镜子上后，就会通过反射作用改变自己的传播方向，在房间中形成了反射光。

你留心观察的话还会发现，垂直射在一块镜子或者一个光滑平面上的光线会以同样的路径、同样的角度反射回去。这是因为光线的反射角和入射角的度数总是相同的。除非光线射在了一个表面弯曲而又无法穿透的物体上，比如一面糊着白色凹凸墙纸的墙壁上时，光线才会向四面八方散射开去。

你会看照片吗

星期天，港港和爸爸一起去游乐场玩耍。在那里，他们玩了非常刺激的射击游戏。由于港港是第一次玩，他经常瞄不准目标，所以他很着急。于是，爸爸就告诉港港，在瞄准的时候，要一只眼睛闭着，另一只眼睛则眯着，因为这样能看得远，还看得清楚。港港实验了一下，发现确实是这样，便开始这样玩射击游戏了。最后，港港玩的结果也还不错。

等港港玩完了游戏，在兴奋之余，他想起了爸爸刚才传授的方法，却想不明白这是怎么一回事。所以，港港就问爸爸为什么要眯着眼射击。爸爸听后，就拿出一张他们当天用拍立得拍出来的照片，说："如果给你这张照片，你会看吗？"

港港听后惊呆了，诧异地说道："爸爸，你怎么一回事？一张照片而已，我当然会看了！"

谁知爸爸却笑着摇了摇头，说道："你果然不知道怎么看照片。"

说完，爸爸就告诉港港怎么看照片：首先，爸爸让港港按照他平常看照片的方式，拿着照片并睁开两只眼看一下，然后，爸爸让港港记下这种看法时的效果；接着，爸爸又告诉港港，把照片拿得远一点（在能看清晰的距离之内），然后像玩射击游戏一样，闭上一只眼，用另一只眼看。等看完后，爸爸让港港说出这两种看照片的方法有什么不同。

港港看完后，果然发现了不同：用第一种方法的时候，能感觉出照片上景物的前后距离明显有差别，整张照片显得很生动；而用第二种方法看照片的话，照片看上去比较平面，没有什么感觉。

港港觉得非常神奇，但是他不知道为什么会有这样的区别。后来，在爸爸的讲解下，他才明白了原因。亲爱的读者朋友们，你知道这是为什么吗？

这是因为眼球的构造和照相机的构造造成的。

首先，因为我们有两只眼睛，所以，存在一定的视觉差异。当我们看一个立体的东西，两眼视网膜上所得到的像是不相同的。右眼看到的像跟左眼看到的像并不是完全一样的。正是这个不完全一样的像，才使我们能够感觉到东西是立体的而不是平面的。但是，因为人有两只眼睛，所以，在我们的意识里，会把这两个不同的像融合成一个凸起的形象。

其次，再从照相机的构造上来说，照相机其实就等于是一只大眼镜。照相机拍下来的底片上的像，就跟我们用一只眼睛、放在镜头的位置上所看到的像是完全相同的。所以，我们要想从照片上得到跟原物完全相同的视觉上的印象，我们就应该只用一只眼睛来看照片，并把照片放在眼前的适当的距离上。

上粗下细和下粗上细

星期天的时候，小红的爸爸妈妈都有事出门去了，只剩下小红一个人在家。爸爸妈妈在出门之前叮嘱小红说：“小红，如果家里有人来按门铃的话，你一定要从大门的猫眼中看一看是谁再开门，千万不要随意开门！”

等爸爸妈妈出门之后，小红就开始写作业。没多久，小红听到了门铃响，小红知道这是有人来了。但是小红谨记爸爸妈妈的嘱咐，没有急着开门，而是搬了一个凳子，站在凳子上从猫眼中看门外来的人是谁。在看之前，小红看着门上那一个小小的猫眼，还想着这么小怎么能看清楚人呢？结果，等到小红从猫眼里往外看的时候，果然看到了一个人，不仅能看到那个人的全身全貌，连那个人的脸部表情也能看清楚。但是，小红觉得很奇怪的是，这个人明明就与她一门之隔，但是就感觉这个人好像与她隔的距离非常远。

等到爸爸妈妈回来后，小红就问爸爸是怎么一回事。谁知爸爸却不肯告诉小红，非要小红和他一起做个实验，还说做完这个实验小红就知道是怎么一回事了。

于是，在爸爸的要求下，小红找来一个直径约 1.5 厘米的管状玻璃小瓶，往里面装入了半瓶水和半瓶煤油（汽油也可以），然后塞上了塞子。弄好后，爸爸在一张白纸上画了一条直线，然后让小红隔着小瓶去看这条直线。小红发现，直线的上段和下段的粗细是不同的：当瓶子贴近纸面时，上面的线段比较粗，下面的线段则比较细；当瓶子离开纸面一定距离时，又变为上面的线段细，而下面线段粗了。

请问这是怎么一回事呢？这与门上的猫眼有什么关系呢？

原来，当玻璃小瓶中装进了半瓶水和半瓶煤油以后，就形成了两个焦距不同的柱面凸透镜。凸透镜的成像大小与焦距有关：在二倍焦距以外，成一个倒立缩小的实像；在一倍焦距到二倍焦距之间，成一个倒立放大的实像；在一倍焦距的时候是不成像的；在一倍焦距以内，成一个正立放大的虚像。

又因为这个实验中的玻璃瓶装的是水和煤油，而煤油对光线的折射能力要比水强，所以小玻璃瓶里的上半段煤油透镜的焦距要比下半段水透镜的焦距短。这样一来，隔着小玻璃瓶贴近纸面看白纸上的直线时，由于煤油透镜成的像比水透镜成的像大，直线看上去就上粗下细了。如果小瓶离开纸面一定距离，这时，煤油透镜成的像小了，煤油对光线的折射能力比水强，所以直线就变得下粗上细了。

门上的猫眼就是利用上述实验的原理做成的。与之不同的是，猫眼除了有凸透镜外，还有一块凹透镜，所以导致物镜的焦距极短，使室外的人或物成一个正立缩小的虚像。这个像正好落在目镜的焦点以内，最后得到一个放大的正立的虚像。所以，人们对外面的情况就可以看得很清楚了。

针孔眼镜

一个人的视力正常的时候，无论是远处的风景，还是近在眼前的事物，都能看得非常清楚。但是，如果一个人的眼睛不小心近视了，那么太远的地方他就看不清楚了，就需要眯着眼看或者是戴上近视眼镜；如果是老年人的话，我们发现他们看东西的时候，哪怕是看报纸也会拿得离自己的眼睛特别远，或者要戴上老花镜才能看清楚，这是因为他们远视了。这就是眼镜的神奇作用。

但是这一节我们不说我们平常戴的眼镜，而是自制一个万能的针孔眼镜，来看看这个眼镜的成像原理是什么。

所谓针孔眼镜，就是针孔大小般的眼镜。先别疑惑，去先找来两个直径为3～4厘米的软塑料瓶盖，再找来一根缝衣针，并用打火机将针尖烧红，然后用烫红的针尖在瓶盖中间扎一个直径约1毫米的小孔。接着，再在瓶盖两侧各扎两个小孔。做好这些后，再用线将这两个瓶盖穿起来，做成一副眼镜那样。穿好后，戴上这副“眼镜”，你能发现什么呢？

结果很神奇。如果你视力不好，不论是近视还是远视，不管你的度数是300度、500度，你只要戴上了这副“眼镜”，那么，你便能看清楚周围的一切了。你知道这是为什么吗？

针孔眼镜的制作是运用了小孔成像的原理。所谓小孔成像，就是用一个带孔的板遮在墙与物体之间，墙体上会形成物的倒影。当光线通过瓶盖中间的小孔后，不管事物的远近，成像总是清晰的。而人的眼睛的视网膜就好像是一个光屏，只不过，近视眼的人，看到的像是在光屏之前；远视眼的人，看到的像是在光屏之后。如果成像不在光屏上，那么大家就看不清楚了。但是，因为这副“眼镜”中间有了一个小孔，所以，不管近视、远视，光线都能在视网膜上成像了，所以大家才看得清楚了。

看不见的光线

我们见过火光，见过闪电，见过手电筒光，可是，有谁看见过光线？明白我的意思吗？所有的人都见过光，看见过开车时车头灯打出的光，或者是从云层中漏下的光，但是，却没有人看见过传播光的那条线或是轨迹。比如说，当你打开手电筒的时候，你只看到手电筒的光照在墙上、地上，形成了一个圆圆的光斑、光圈，但是你看见这束光是如何照到地面上的吗？简而言之，在手电筒与光斑之间，你有看见什么吗？是不是什么也没有？可是，光又确实存在，如果你把手放到手电筒前面，你的手就挡住了光并把它反射回来。所以，既然都没有人看见过光线，那么，光又是如何传播的？

也有人会说，光线其实也是可见的。当我们站在灰尘比较大的地方看太阳的时候，很容易就看见太阳的光线了，而且那些不可见的灰尘也都能看见了。如果谁家里有百叶窗的话，你去观察一下，当天气晴朗时，太阳光会从百叶窗缝里透进来一束一束的光。还有我们玩的激光灯，可以看见那条红色的光线，而且这条光线的传播路径还特别长。既然光的传播也是有线的，光线是可以看到的，为什么大部分的光线都不可见呢？

答案

光线能被看见与否，主要看光源是什么。光源一般有两种：主动光源和反射光源。主动光源一般指本身会发光的物体，比如太阳、电灯、火焰等；反射光源是指月亮、熄灭的电灯、人等不会主动发光的物体，这些物体在黑暗中是不能被看见的。因为光的存在，让这些原本不能被看见的物体变得可见，导致这些物体也成了光源之一。

但是，当主动光源被遮住的时候，比如说太阳被云层遮住了后，原本在天晴的时候会出现的树影、人影就都不见了，这是因为云层的缘故，太阳光被分散到了各个方向，无法集中在一起，影子自然也就不成形了。

我们看到的那些物体——人、树、月亮等东西，其实并不是真正的光，而是被光照亮的物体，这些物体把光反射到了我们眼中，我们就看到了这些物体。我们提到的“光线”，指的是光沿“直线”传播时的这条直线，而不是光本身。

当你“找不着北”了怎么办

你有过野营的经历吗？试想一下，如果你去森林、野外游玩，不小心迷了路，找不到方向了，而且你也没有带指南针之类的东西，那么，这个时候你应该怎么办呢？或许有人会说：“这有什么难的？我们不是学习过很多在野外辨认方向的方法吗？到时候找一个最简单的方法就可以了。”

话虽如此，但是，这些简单的方法在运用起来却也不是那么容易呢？不相信？那就先来实验一下吧。

假设你现在在野外迷路了，而你随身携带的东西只有手表，那么你应该如何辨别方向呢？那就只能用手表和阳光来辨别方向了。所以，在这里要记住，如果你去野外野营、探险的话，记得一定要戴手表。这个时候，要怎么确定东、南、西、北这四个方向呢？你可以先观察一下太阳的位置，再看看你的手表（如果你的手表是电子表的话，你可以在一张纸上或者地上先画一个表盘，按照你手表的时间添上指针就行了）。

在这之前，你得先知道，太阳就是一个天然的时钟，因为一天24小时，它恰好在天空中“转”了一圈，而正午时分的太阳恰好是经过子午线的，也就是说，此时的太阳恰好在正南方向。知道了这些，下面就是你应该做的：面向太阳而站（不用正对着太阳），然后把你的手表摘下来，放在面前，与地面大约成45°角。假设现在是上午10点钟，此时手表的时针指向10而分针指向12，那么，想象一下你头顶上也有一个大表盘，上面也有24根刻度，太阳在这个空中的表盘上直接为我们指出了时间，正午时它恰好会经过正南方向。

如果你想象不出来，可以拿你的手表代替。试想一下，如果你把手表的时针对准太阳，太阳不就相当于时针吗？不过要注意了，手表时间为10∶00，太阳时间则为9∶00或者8∶00（因为季节不同，所以在时间上会有差别）。如果现在是夏天（确切说应该是3月到10月间），那么太阳时间为8∶00。知道了这些，你接下来马上就能找到南边和其他方向了。

可是有人立即发现了其中的问题：想象中的太阳表盘有24根刻度，但是我们的手表只有12根刻度啊，这要怎么才能准确地算出来时间，让我们找到南方呢？关于这个问题，也很简单，我们可以这样理解：手表因为只有12根刻度，而太阳刻盘则有24根，一天里手表转两圈，可太阳在天空中只转了一圈，那么，就说明手表的时针转动速度是太阳表盘的2倍。

在找方向的时候，一律用24小时制来表示时间。如果太阳时间小于12∶00，那么算法如下：先用12减去太阳时间，然后除以2，再用12减去这个数。举个例子，现在的太阳时间是8∶00，那么就应该是12∶00-8∶00=4个小时，4小时 ÷2=2小时，12∶00-2小时=10∶00。所以，这个时候把手表调到10∶00的位置上，表盘上

“12”这个数字的位置就是南方了。

如果太阳时间大于 12：00，算法如下：先用太阳时间减去 12，然后除以 2，再用 12 加上这个数。举例来说，现在的太阳时间是 15：00 的话，那么就应该是 15：00–12：00=3 小时，3 小时 ÷2=1.5 小时，12：00+1.5 小时 =13：30。所以，只需要把手表调到 13：30 的位置，然后看表盘上“12”这个数字所对的方向，就是南方了。

看了上述方法，你能简单地总结一下吗？除了上述方法外，你还能想出其他办法吗？

关于用手表来辨别方向这个方法，总体来说，就是先看手表上的时间，并把它转化为太阳时间（根据季节不同，可以减去 2 或 1）；然后，算出太阳时间与 12 的差值后，除以 2 后与 12 相加或相减就能得到一个时间。最后，把手表调到这个时间上，手表盘上“12”所对的方向就是南方。

除了上述方法外，我们还有一种不用手表的方法。因为现在很多人都用手机看时间，不怎么戴表了，所以，如果你只带了手机的话，却又恰巧迷路了，就可以在地上竖一根木棒，隔一段时间量一下它的影子。

因为正午的太阳恰好在正南方向，此时也是它升得最高的时候，影子最短。所以，等你看到最短的影子的时候，它对应的时间是正午时分，也就是说它所指的方向就是北了。不过，显然这个方法只在正午还没过的时候适用。

两只眼睛的妙用

一说起海盗，很多人脑海里浮现的就是他们遮住一只眼的样子了。于是很多读者朋友就去实验了一下，发现只睁着一只眼也是能够看清楚这个世界的，只不过会有一些偏差而已。于是，有很多人就会问，那人为什么要有两只眼睛呢？当你有了这个疑问后，就去实验一下。

你两眼都睁开，伸出手，用竖起的大拇指对准窗外的一棵树，让大拇指正好在那棵树的正前方，你会看到什么呢？如果你随意闭上一只眼，你又会看到什么呢？如果你实验过，你就会发现，当你两只眼看的时候，看到的就是大拇指竖在大树的正前方而已。但是，如果你闭上一只眼的话，你就发现大拇指已经偏到一边去了，与树不在同一条直线上。你知道这是为什么吗？

这是因为我们两只眼睛的工作方式不一样：由于两只眼睛所在的位置不一样，所以它们看到的东西不同。而大脑则是负责处理两只眼睛提供的画面的，负责将眼睛看到的东西合二为

一。不过，要注意的是，其中一只眼睛会在这个合二为一的过程中起到主要的作用，我们一般把这只眼睛称为“主导眼”。

具体怎么看出哪只眼睛是“主导眼”呢？如果你闭上的是右眼，而你发现看到的画面没有什么变化，就说明你的主导眼是左眼；如果情况相反，你看到的画面变化了，说明你的右眼是主导眼。当你用大拇指对准那棵树时，本能性地以右眼看到的画面为基准，而当你闭上右眼时，你当然只能看到左眼的画面了。

人为什么会眼花

如果你家里养猫的话，你可以试着用手电筒照它的眼睛（注意光照不要太强，以免弄坏猫眼睛），然后再把手电筒关掉，并注意观察猫眼的瞳孔的变化。你会发现，当手电筒照着猫眼时，猫的瞳孔就缩小了，甚至它们还会眯起眼睛。如果你这样做了几次，等到你下次再打开手电筒的时候，即使不去照猫的眼睛，你也会看到猫做出了眯眼的动作，而且瞳孔马上就缩小了。

如果你一时找不到猫来做实验，那么，你自己也可以做这个实验。你站在镜子前，在黑暗中观察你的眼睛。盯住镜子中自己的双眼，然后再打开灯。你看到了吗？你只是开了一下灯，你的眼睛也有这个眯眼的动作，而且你的瞳孔就立即缩小了至少一半。不过，等到光照消失，黑暗重新来临后，你的瞳孔又会重新放大，以便接收到最多的光线。可是，也有人不解，如果是面对强光，为什么我们的眼睛只需要眯一会儿，就能适应这个光线了呢？

因为光线的不同，你所看到的光也不一样。什么意思呢？举个例子，当你看的光源是太阳的话，那么等到你的眼睛适应了太阳光后，即使你闭上眼睛，你依然会“看见”一些圆盘状的光斑；如果是长条形的日光灯的话，你看见的就是一条条带子光斑了。这就是大家经常说的“眼花”了。不过，上述情况的发生你知道是怎么一回事吗？

瞳孔之所以会缩小，就是因为突然接收到了光。当眼睛突然接收到了光线的时候，眼睛会在短时间里把光源的形状记录下来，产生一个与原来颜色不同的光斑。但是在这个过程中，眼睛还需要一段时间才能重新建立正常的视觉，因此突然被光照到以后，它们仍要持续不断地刺激感光神经。所以，在有些时候，即使你闭上了眼睛，也能“看见”那些光斑。眼花期间，如果你闭上眼睛，移动头的位置，眼前的光斑离开了原来的光源，随着你的运动，不同的感受器相应地为你制造了这个光斑。

大家不要小看瞳孔减小所带来的影响。当瞳孔的大小减少一半的时候，就意味着眼睛接收到的光线是原来的四分之一。也就是说，瞳孔为了适应黑暗而增大的时候，它接收到的光将是原先的两倍。这就是为什么猫喜欢在黑暗的环境中抓老鼠了，因为这个时候它的瞳孔在黑暗中变得最大，接收的光线将是原先的50倍多。

光与影的传说

众所周知，光与影是一对孪生兄弟，它们两个经常一起出现。大家想知道它们两个之间有什么传说吗？就来一起做一个实验吧！

准备一个装满了水的玻璃杯、一片玻璃、一张透明纸、一个陶瓷杯和一个手电筒。然后，把所有的物体都放在一堵白色的墙壁前面。接着，熄灭房间里的灯或者拉上窗帘，不要让光线进入房间，尽量让房间变得黑暗。这个时候，打开手电筒，把手电筒的光对准这些物体。你就会看到，陶瓷杯后面的墙上出现了一团阴影，而玻璃杯、玻璃片和透明纸背后的墙面变淡了。

请问这是为什么呢？

答案

之所以会出现这样的情况，是因为出现了“影子”。所谓影子，其实是一种光学现象，是因为物体遮住了光的传播，不能穿过不透明物体而形成一片较暗的区域。

众所周知，光的穿透力很强，所以，光能够穿透某些物质（例如玻璃和透明纸等）。但是，在穿过这些透明物质的同时，光也会失去它的一部分光能，从而使得光速变慢，亮度变小。比如说，光在水中的传播速度是它在真空中传播速度的3/4，在玻璃中的传播速度是它在真空中传播速度的2/3。然而，也有一些物质是光所不能穿透的，这当中就有我们经常使用的瓷器。这类材料构成的物体会阻碍光的传播，光射到这些物体上会被反弹回来。如果障碍物的体积比较大，它的身后就会出现一个阴影，也可以说，是障碍物投下了一个阴影。所以，才会出现上述实验中的情况。

消失的硬币

当你在春节联欢晚会上，看到那些魔术师在大变魔术的时候，有没有觉得很惊奇呢？接下来我们就自己来做一个魔术，叫作“消失的硬币”。具体怎么做呢？很简单，先在桌子上放一枚硬币，取一个口比底大的玻璃杯，并在里面盛满水；然后，把玻璃杯压在硬币上。这个时候，如果你从杯子的侧面看过去，就会见到奇迹发生了——硬币不见了！可是，确实谁也没有把硬币拿走，那么它去哪儿了呢？你再从杯子口向下望的时候，硬币还好好地放在那里。如果你再给玻璃杯底沾上一些水，再来重做这个实验的话，你会发现这个魔术不灵了，因为不论你透过玻璃杯的哪边侧壁，你总能看到一个闪亮的硬币。

请问，你知道这是怎么一回事吗？

光从空气经玻璃杯底进入水里的时候发生了折射，因为是从光疏媒质进入光密媒质，折射光线集中起来，使得大部分光线以很大的入射角射向杯子的侧壁。反射的光线又折回水中，

从杯口射出，因此从杯子的侧面看不到硬币，而由杯口向下望去，硬币还是好好地放在那里。

杯底和硬币之间沾有水之后，硬币射出的光线从水中穿过杯底再进入杯子里的水中。杯底可以看成是一块平板玻璃，上下都是水，光线通过它的时候方向不变。硬币射出的光线达到杯子的侧壁上的时候，一部分光线入射角并不很大，不满足全反射条件。这些光线从侧壁上透射出来使你看到了杯底下的硬币。但是，如果硬币只有一部分沾上了水，而另一部分没有沾上水，那么，你就只能看到沾水的一部分了。

神奇的圆碟

我们在这个世界上看到的所有的色彩，颜色都与赤橙黄绿青蓝紫相关。但是，如果有人告诉你，只需要黑白这两个颜色，就能让你看到红蓝那两个颜色的话，你相信这种说法吗？我们这一次要做的这个实验就能证明这个说法是真是假。

我们先在白纸上剪下一个直径为10厘米的圆片，然后将它的一半涂成黑色，同时将剩余的那半个半圆部分四等分，再涂成白色

（因为纸本身就是白色，不涂也可以）。在这四个部分中，每部分都画上不相连的三条宽度为2厘米的圆弧线。画好后，再用硬纸板剪出一样大小的一个圆圈，衬在白纸板圆圈的下面。然后，找一枚大头针，从上而下插下去，将两张圆穿在一起。再找一根带有橡皮擦头的铅笔，将穿过圆圈的大头针固定在橡皮擦头上，这样一个圆碟就做好了。

做好后，你用手去快速地旋转铅笔，让圆碟跟着一起旋转。当速度较快的时候，你就看到白纸上的弧线仿佛连接在了一起，成为几个圆环。然后你稍微转慢一点，你就可以发现圆碟上面好像出现了红色和蓝色的两个圆环。请问这是什么原因呢？

虽然我们在分成的四部分上面画上了不相连的三条圆弧线，但是，当圆碟转起来的时候，由于视觉有暂时停留的效果，前一段圆弧消失的时候，眼睛在短时间内感觉还能看见它，而随之接踵而至的第二段圆弧就与之连接在一起了。这就是我们看到的圆弧线连成圆环的原因。

之所以会出现彩色的圆环，则是因为我们的眼睛只能记住色谱中波长较短的蓝光和波长最长的红光，最短的紫光因为太弱了而很难被记住。如此一来，我们就仿佛看到蓝色和红色的圆环了。

滤光器

如果水不纯净了，我们可以用净水器来将水净化一下，如果光不纯净了呢？我们应该怎么办呢？不要担心我们还有滤光器，接下来我们就来自己制作一个滤光器吧！

先准备一个手电筒、一些绿色的和红色的透明薄膜、一个盆栽、一个橙子和一间漆黑的房间。准备好东西后，就可以做实验了。

在一个漆黑的房间中，打开你的手电筒，把红色的透明薄膜放在手电筒的前面，让光隔着薄膜照在盆栽的绿叶上面，记录下盆栽中叶子的颜色。然后，把绿色的透明薄膜放在手电筒前面，让绿色的光照在盆栽上，然后再照在橙子上，并记录下这个时候的颜色是怎么样的。

如果你认真观察了，你就会看到以下情景：当红色的光照在盆栽上面时，盆栽的叶子看上去是黑色的；只有在绿色光的照射下，叶子的颜色才会保持不变，但是这个时候的橙子在绿色光的照射下却变成了黑色。你知道这是怎么一回事吗？

之所以会出现这样的情况，是因为物体呈现出来的颜色取决于它们反射了哪种光线。由于植物吸收了太阳光中所有的色光，唯独反射了绿色光，所以，我们看到的植物是绿色的。而人工防护涂层，比如说一个涂有绿漆的椅子会出现“绿”这个颜色是因为它吸收了色光。也就是说，颜料从白色的光谱中吸收了一定波长的色光后，将某种波长的色光反射了回去。我们看到的就是被它反射的那部分色光，也就是颜料的本色。

在这个实验中，实验时所用到的透明薄膜起到的就是一个滤光器的作用。红色的滤光器只会让红色光和蓝色光通过，黄色的滤光器会吸收掉除红色光和绿色光之外的所有色光，而绿色的滤光器只会让绿色光通过。要是把红色薄膜放在绿色的植物上面，植物就会变成黑色，因为红色光中是不存在绿光植物可以反射的那种绿色光的；要是把绿色薄膜放在橙子上面，橙子也会变成黑色，因为照在橙子上面的光中没有它可以反射的那种橙色光。

Part 5

穿越电和磁：火花四射般的魔幻电磁

一说起“电”和“磁”，大家就对它们充满了好奇。因为电和磁就像一对连体婴儿一样，经常同时出现，被生产、生活使用，那么，什么才是电和磁呢？所谓电是宇宙中物质的一个固有属性，分为正、负两极，彼此间可以通过强大的吸引力相结合，形成原子、分子等，而磁场则是由电子的自旋产生的。所以，人们才经常把电和磁放在一起。

当然，电和磁的结合也没有辜负人们的期望，产生了很多对人们的生活有利的东西，比如电磁炉，就大大地方便了人们的生活。不过，电和磁就算是“连体婴”也还是有区别的，也有很多的不同和特点。所以，为了方便我们对电和磁的了解，我们这一章就去火花四射的电磁世界中游览一番。

电梯的运作原理是什么

自从人口越来越多，楼房就越盖越高了。为了方便人们的生活，有人就发明了“电梯”。大家想一下，要是没有电梯的话，我们就得自己爬上爬下，有的摩天大楼根本就爬不上去。

你知道电梯是怎么运作的吗？我们可以用以下小东西来模拟一下。

首先，先找一张软硬程度都适中的素描纸，将它卷成一个筒形，并在这个圆筒的上、下两边分别夹上一枚回形针；其次，将一根细线对折之后从上而下地穿过圆筒；第三，再找一根细线，将它也对折一下，并从下而上地穿过圆筒，并且穿进第一根细线对着形成的线圈里，并勾住下面的那个回形针；第四，双手抓住两根细线的线头，上下拉动，你就看到圆筒开始上下运动了。

这就是电梯的工作原理了。你能具体说一说吗？

电梯上都装有曳引绳，曳引绳的两端则分别连着轿厢和对重，并将曳引绳缠绕在曳引轮和导向轮上。其中，导向轮就是

为了改变电梯上下的方向的。当曳引电动机通过减速器变速后，就会带动曳引轮一起转动，靠着曳引绳与曳引轮之间因为摩擦而产生的牵引力，实现轿厢与对重的升降运动，达到运输的目的。

在这个实验中，这两根细线就充当曳引绳的作用。当下面的细线放松的时候，圆筒自然下落；当下面的细线被上面的细线牵引的时候，圆筒上升了。可以说，是地球的重力和细线的拉力让圆筒进行上下地垂直运动的。

当然，现实中的电梯还要考虑承受力和平衡等各种问题，往上的拉力还需要各种能量的转化，不像实验中那么简单。

来玩一个静电游戏

自从有了静电复印机，人们处理文件时就方便了很多。不过，什么是静电复印机呢？这是一种使用便捷的文件复印设备，又叫静电印刷，通常分为间接法静电复印和直接法静电复印两类。

然而，有些人不明白，复印机就叫复印机呗，为什么要叫静电复印机呢？这个名字的由来与静电复印机的工作原理有关。你要想了解是怎么一回事的话，就先来看看电视机的静电问题吧。

我们每个人都遇到过静电，秋冬穿脱毛衣时会响起噼里啪啦声，那就是静电的表现了。不过，这种静电反应还不够明显。不知道你们在平时有没有用干净的布去擦拭过电视机的屏幕？如果没有的话，现在就来做一做。

你先用干净的布擦一下电视机，然后再将电视机打开。半个小时之后，关闭电视机，然后用手指在电视机屏幕上写几个简单的字。写完字后，就可以用粉扑沾一些滑石粉（或痱子粉），然后在电视机屏幕上抖动几下，你就会看到抖动下来的粉尘被电视机迅速“吸”过去了！但是，不知道为什么，除了写过字的那几个地方留下了空白，电视机上的其他地方都沾满了粉尘。你能解释其中的原因吗？

这就是因为静电在起作用。所谓静电，是一种处于静止状态的电荷，多在干燥的天气中出现。当我们打开电视机的时候，屏幕上就开始充满了静电。在电视机被关闭的时候，静电还将在屏幕上停留一段时间。这时我们在屏幕上写字的话，因为人体也会导电，所以写字的那几个地方就会被手指抹掉静电电荷。因此，当我们往上面吹滑石粉的时候，只有充满静电的地方才会吸引住滑石粉的粉尘，而其他地方却不能够。

这个跟静电复印机的原理是一样的。静电复印机就是利用静电正、负电荷能互相吸引的原理制成的。复印机原件的文字或图像投影到一个半导体平面上后，就会在该平面上涂一层反光负载粉，这时，带电荷的区域就能迅速地将这些负载粉吸附住，由此就得到了一张粉图。接着，工作人员再让粉图移压至白纸上，加热烘干后便可得到一张与原件一模一样的定影文件了。

铜丝也能灭火

人呼出的二氧化碳气体可以灭火，黄沙可以灭火，水也可以灭火。可是你知道吗？铜丝也能灭火！不信的话，我们可以通过下面的实验来证明一下。

用粗铜丝（如果铜丝细的话，可以多股一起）绕成一个内径比蜡烛的直径稍微小一点的线圈，记得在圈与圈之间留有一定的空隙。然后点燃蜡烛，把铜丝制成的线圈从火焰上面罩下去，正好把蜡烛的火焰罩在铜丝里面。这个时候，你就看到火焰被熄灭了。

这还只是铜丝，如果有一张铜网，效果就更明显了！如果有铜网可以实验一下，将铜网从酒精灯的火焰上方压至火焰内焰的中部，观察一下什么是“火被去头”。然后，再用燃烧着的木条点燃网上的酒精，等冒出蒸气后，观察火焰是如何被“切为两截”的。

观察完这些现象后，你能解释出铜丝灭火的原因吗？

这是因为铜具有良好的导热性。当铜丝罩在燃烧着的蜡烛上面时，火焰的热量大部分被铜丝带走了，使蜡烛的温度大大降低。当温度低于蜡烛的燃点时，蜡烛当然就不会燃烧了。

而之所以会出现“火被去头”“切为两截”的现象，是因为当一张细眼铜丝网压在火焰头上时，由于铜网使火焰的热量散失了，穿过铜网的酒精气体温度就下降到酒精燃点以下了，所以火焰才熄灭了，就出现了网下燃烧网上无火的“火去头”的现象。当用燃烧着的木条去点燃铜网上的酒精气体时，火焰又重新燃烧了起来，造成了火焰被“切”为两截的现象。

厨房里有趣的加热器具

你知道吗？一件特别普通、特别常见的家用器具，也能在有些时候变成科学仪器呢！就看你是怎么用它们来做实验了。

现在，请你拿出一口家用的带有金属锅盖的锅，然后把你的手机（可以正常使用的手机）放在锅里，并盖上金属锅盖。然后，用另一部手机或者固定电话拨打锅里那个手机，你会发现什么呢？如果不出意外的话，锅里的手机是不会响的，压根就没有任何动静。当你把锅盖稍稍移开，露出一条小缝的时候，手机就又恢复正常，会响了！你知道这是为什么吗？

这个实验的秘密就在于电磁波的性质，电磁波可分为无线电波、微波、红外线、紫外线等，可用于通信、加热、遥控、医疗消毒等。

家中常用的锅具，除了砂锅外，一般都是用金属做的，其中最常见的材料是钢。但是，金属有一个作用，就是会阻隔那些手机天线中能接收到的电磁波。所以，当你把手机放进锅里，并盖上锅盖后，就相当于阻隔了电磁波，手机就接收不到任何信号了，所以它才会没反应。

如果你不相信金属是导致这种现象产生的原因的话，可以进一步验证一下：你可以改用塑料锅盖或是任何一种非金属的锅盖来做这个实验，你会发现，盖上锅盖，手机铃声照样响起。

硬币如何发电

众所周知，人体是带有一定的电荷的。但是，你们知道吗？不止人体，我们身边的很多物体都带有电荷，并且可以发电。不相信的话，我们就拿身边最常见的硬币来说吧。

找来一些一元的和五角的硬币，然后将它们依次间隔地叠加起来。同时，在每两枚硬币之间夹一张用盐水浸湿的小纸片。大约叠加个二三十层（一般不要少于20层，层数越多效果越明显）后，找两根电线，其中一根电线连接起“硬币柱”的两端，而另一根则与这根电线相接，连接到灵敏的电流表上。做好这些后，你就可以明显地看到电流表的表针偏转了！这就说明是有电流的存在了。

如果你的手边没有灵敏的电流表的话，你也可以将这两根电线靠近，然后用一根电线去接触自己的舌尖，你的舌头就会有麻的感觉，那就是有电流通过的表现。不过，这个电量太小了，在生活中起不到大的作用。

请问，你能用物理学上的知识来解释一下硬币是怎么发电的吗？

这些层层叠叠堆在一起的硬币有一点儿像叠层电池或电堆，是利用了硬币分别是铁和铜等金属铸造而成的特性。由于铜和铁这两种金属的原子核外的自由电子的活性是不同的，所以，将浸了盐水的纸片隔在其中，能够起到电解液输送电荷的作用。电荷在两种金属之间运动，就产生了电流。层数越多，电压越高，参与流动的电荷也就越多，电流也就越强。所以，小小的硬币也就能发电了。

如何自制发电机呢

小新刚在物理课堂上学习了电流、电路这一方面的内容，对这些都很感兴趣，就想找个东西做个实验，自己制作一个发电机。

做发电机需要电动机，所以，小新在自己众多玩坏的玩具中找来了一个直流电动机；接着，小新在一个手电筒用的1.5伏的小电珠的铜螺纹上绕了一段铜丝，并把另一段铜丝连接在灯头顶端的锡帽上；最后，小新又把这两段铜丝的另一端分别绕在小电动机的两个接线片上（如图一所示），一个电路就组装好了。

这个时候，小新尝试着用自己的手指去转动电动机的轴，去观察小电珠有没有发光。如果小电珠发光了，就说明这个发电机做好了。

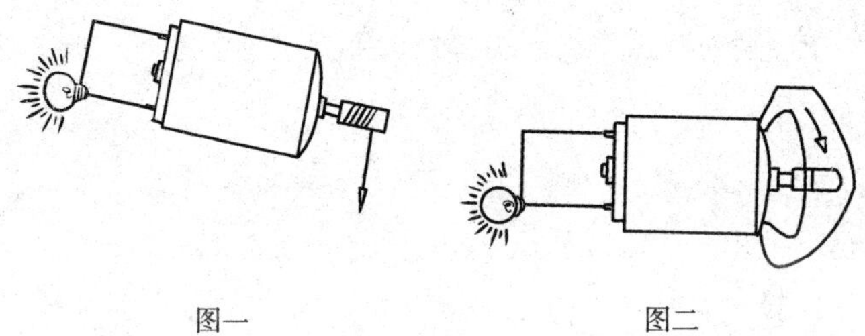

图一　　　　图二

如果电珠不亮，有两种情况：一是发电机做得不成功，二是电流太弱了，导致电量不足以支撑小电珠发电。小新在仔细检查后，发现发电机没有问题，于是他就截取了一小段自行车气门芯套在电动机轴上，再把长约100厘米的缝衣线绕在气门芯的胶管上，然后用力一拉，使缝衣线带动小电动机的轴飞快地转动。这样一来，小灯泡就会微微发光了。这说明小电动机发电了。（图三）

当然，实验不能白做，你能说说小新是如何让小电珠亮起来的吗？

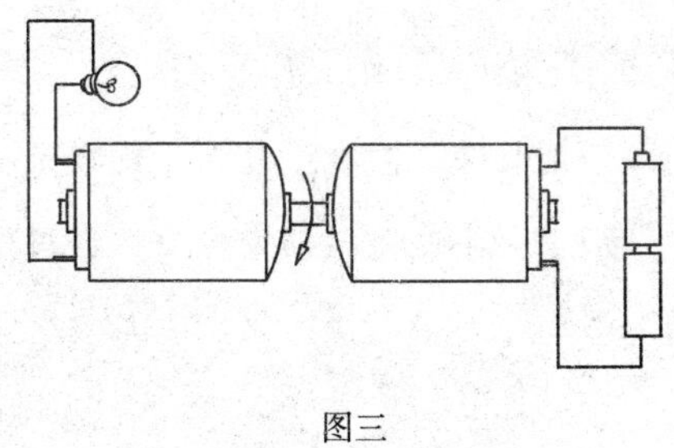

图三

答案

因为小新选择的发电机是永磁式直流电动机，所以才能当发电机。这种电动机的构造和直流发电机的构造相同。在电动机转子线圈的外面，有两块瓦形的永久磁钢。当外力带动电动机的转子转动的时候，线圈中的导线在磁钢的磁场中就会产生感应电流，而这股电流就可以促使小电珠发光。

敲击和加热能使磁性加强吗

如果给水加热，会让它变热；如果敲击铁管，会让铁管发出不同的声音。那么，如果我们去敲击和加热带磁的东西，会让磁性加强吗？我们可以来实验一下。

找两段约 5 厘米长的钢锯条，让它们吸在磁铁的同一磁极上（如图所示）；用锤子把其中一段猛击几下（钢锯条不能离开磁极），然后取下锯条，分别来吸小铁钉。结果显示，经过敲击的锯条的磁性明显增强了。

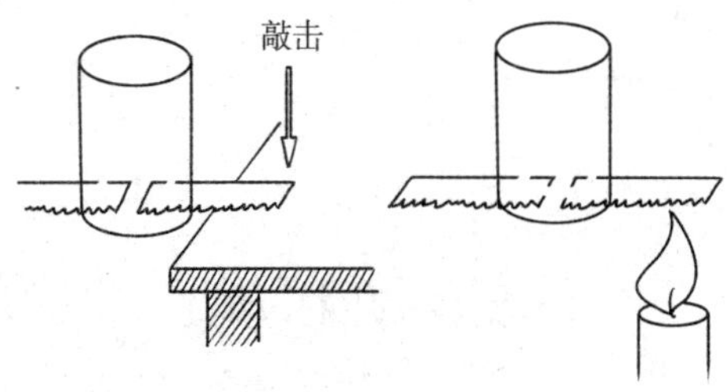

再取两段锯片，也吸在同一磁极上。将其中一段（不离开磁极）锯片放在蜡烛上加热半分钟，然后移开。用这两片锯条来吸小钉，显然，加热磁化的锯条，磁性也大大加强了。

请问这是为什么呢？

我们先了解一下什么是磁性。磁性是物质在不均匀的磁场中会受到磁力而产生的作用，当一件东西能够吸住所有含铁、钴、镍等物质的时候，就可以说这件东西上有磁性了。一件东西之所以会有磁性，是因为其内部的分子构成而形成的。当你加热、敲击带有磁性的东西时，都能使分子更加“活跃”，因而在磁化时更容易在外强磁场作用下排列整齐，所以磁性就增强了。

简易自动电动机

如果给你一包漆包线、一个火柴盒、一节1号电池这三样东西，你如何做一个简易的自动电动机呢？

首先，将这包直径0.4毫米、长200厘米的漆包线，在火柴盒上绕成一个长为5厘米、宽为3.5厘米的长方形线圈；其次，把这两个线头在线圈上扎几圈后，从线圈的同一面拉出来，并处在同一条直线上；第三，用两个曲别针弯成电动机的支架，然后将这个支架固定在一个小木板上；第四，把线圈放在支架上面，注意，线圈要一面朝下，然后刮光两线头朝下半边的漆；第五，把磁铁固定在线圈的一侧，并两头接在一节1号电池上。你会发现，线圈就能自动旋转起来了。当你交换电池的正负极时，线圈又会自动变换旋转方向。这就是一个简易的自动电动机了。不过，这个电动机的工作原理是什么呢？

因为电池和惯性的作用。因为线圈的两个线头是从线圈的同一个面拉出来的，所以线圈的重心不在转动轴上，而是总有

一面朝下的。但是，朝下的那一面的线头的漆又是刮光的，所以当你安上电池后，就相当于将电池连接在了线圈上，给了线圈一个转动起来的力。到后半圈的线圈时，则是因为惯性转过去的。

奇怪的影响

生活中的电路是由串联和并联这两种组成的。如果你留心观察，你就会在生活中发现串联与并联的不同：装饰圣诞节的一长条彩灯，如果你关了电源，整条上面的灯都灭了；但是家中的电器却不是这样，你可以同时打开电视机、洗衣机和电脑，也可以只开其中一个。那么，串联和并联除了能方便生活外，我们日常生活中为什么有些地方要使用串联，有些地方要使用并联呢？

比如说，把两个玩具中的电动机串联后接到电池上，你会看到它们都缓慢地转动着；当你用手掐住一个电动机的轴时，另一个电动机便飞快地旋转起来；当你掐住第二个电动机的轴，第一个电动机又飞快地旋转了（如图一所示）。相反，如果把两个电动机并联后接到电池上，两个电动机之间的影响就很小（如图二）。请为这是为什么呢？

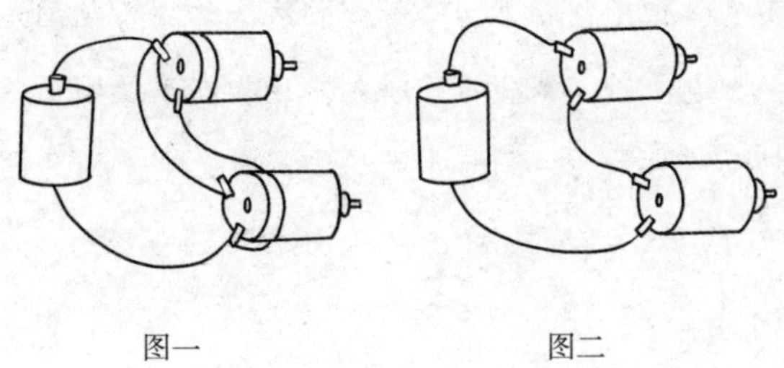

图一　　　　　　图二

这是因为串联的电器间的影响比较大，导致用电器的电压不能稳定，而且，串联的话，一个电器出现了问题，其他电器也不能用了；但是并联的电器间的影响则很小，而且每个用电器的电压始终等于电源电压，所以日常的用电器都是并联的。

能够发电的文字

如果说文字也能发电，你相信吗？现在给你一块硬纸板、白纸、十个黄铜信夹、电线、一把剪刀、一个4.5伏特的电池组、一个带有灯座的灯泡、胶水、一支蜡笔等东西，你来做个试验证明一下。

用那些纸剪出来十张长方形的纸片，并在其中五张纸片上各写一个词语，然后，在另外五张纸片上写下与前五个词比较相近的词；接着，把前五张纸片贴在硬纸板的左边，把后五张纸片打乱顺序后贴在硬纸板的右边；而后，在每张纸片的旁边钻一个小洞，在每个小洞中插一个信夹；拿来准备好的电线剪下来八截，并在硬纸板的反面，把其中一根电线连接在一个信夹上，把另一端连接在对应的那个词旁边的信夹上。就这样，用五根电线分别将五组互相对应的词连接起来。

等到都连接起来后，你再把一根电线的其中一端接在电池组的一个极上，另一端接在灯泡灯座的一个接头上，再在电池组的另一极和灯泡灯座的另一个接头上各接一根电线；然后，用这两根电线裸露的一端分别接触两个对应的词旁边的信夹，你就会发现小灯泡亮了。

你能说说这些字为什么会发电吗？

这是因为黄铜信夹是一种优良的导电体。当你把电线裸露的两端分别放在连在一起的两个信夹上时，电路其实就被接通了，所以就有电流流经灯泡，灯泡就亮了。

可以发光的电磁感应跷跷板

恩华下周就要参加学校的科技节活动了，他计划做一个可以发光的电磁感应跷跷板，想着可以拿到一个好名次。

恩华计划做的跷跷板如图一所示的那样。在做这个电磁跷跷板的时候，他准备了很多东西：首先，恩华找来了一根两端封闭的透明塑料管，并在管中放了一块磁性很强的磁铁；其次，恩华在塑料管的外面缠绕了一些金属丝作为线圈，并在线圈的两端并联了两只发光的二极管，其电路如图二所示。等做好后，恩华在演示电磁跷跷板时，就把塑料管上下翘动，磁铁便在线圈中开始左右移动了。

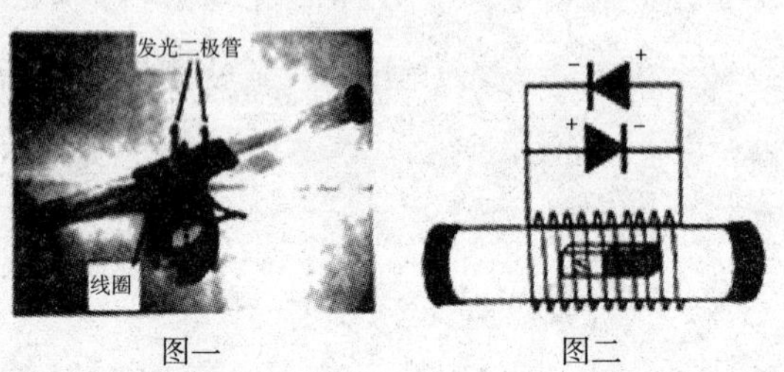

图一　　图二

现在需要回答的问题是，电磁跷跷板上下翘动时，为什么发光二极管会轮流发光？你知道生活中还有什么东西也是根据这一原理工作的？

当电磁跷跷板上下翘动时，磁铁在管中来回运动，磁铁运动的方向不同，使线圈做切割磁感线运动的方向不同，产生的感应电流方向不同。由于二极管具有单向导电性，电流只能从二极管的正极流入，负极流出，所以，当电流通过两个二极管中的一个时，那个二极管就会发亮；当另一端低时，磁铁又向相反方向穿过线圈，产生相反方向的电流，故另一个二极管也会发亮。所以，二极管会轮流发光。

像我们生活中常见的电动机、发电机也是根据电磁感应的工作原理工作的。

你了解汽车车速表吗

五一期间，莉莉和爸爸妈妈一起去邻市游玩，需要走一段高速公路。在进高速站口之前，莉莉看到了旁边的指示牌上标着限速多少多少的数字。莉莉就问爸爸:“爸爸，你怎么知道你的车开的速度是多少呢?”

爸爸回答说:“因为每辆汽车上都有车速表，我们看车速表上的指针位置就知道了。”

“哦，这样啊。那车速表是怎么测量车的速度呢?”

爸爸听后说:“这个很简单，只要……”你能猜出来莉莉的爸爸是怎么说的吗?

因为莉莉问的是车速表怎样测量车速的，所以莉莉的爸爸就告诉她车速表的工作原理。

车速表是利用电磁感应原理制成的，使表盘上指针的摆角与汽车的行驶速度成一个正比。车速表的构成主要有驱动轴、磁铁、速度盘、弹簧游丝、指针轴、指针等部件，其中永久磁铁与驱动轴相连。

当驱动轴带动永久磁铁转动时，速度盘上各部分的磁感线依次发生变化。顺着磁铁转动的前方，磁感线的数目逐渐增加，而后方则逐渐减少。当通过导体的磁感线数目发生变化时，在导体内部会产生感应电流。感应电流产生了磁场，而磁感线的方向会阻碍原来磁场的变化，所以，顺着磁铁转动的前方，感应电流产生的磁感线与磁铁产生的磁感线方向相反，因此它们之间互相排斥；反之，后方感应电流产生的磁感线方向与磁铁产生的磁感线方向相同，它们之间则相互吸引。由于这种吸引作用，导致速度盘被磁铁带着转动，指针轴及指针也随之转动。

车速表上的指针之所以能够根据不同的车速停留在不同的位置上，则是因为指针轴上装有弹簧游丝。当速度盘转过一定角度时，游丝被扭转产生相反的力矩，当它与永久磁铁带动速度盘的力矩相等时，则速度盘停留在那个位置而处于平衡状态。这时，指针轴上的指针便指示出相应的车速数值。当汽车停止行驶时，磁铁停转，弹簧游丝使指针轴复位，从而使指针指在“0”处。

Part 6

力与运动的“较量”：旋转跳跃不停歇

当你乘坐的公共汽车突然停止的时候，你会发现原本不动的乘客却集体向前倾倒；当你穿着防滑鞋行走在被大雪覆盖的马路上时，你会看到容易滑倒的都是没有穿防滑鞋的人；当你荡着的秋千被人推到了最高处的时候，你会感觉到秋千会“迫不及待”地往下落……这就是惯性、摩擦力、重力的作用。所以，人类的生活其实就是与各种力之间的较量。如果把这些力用好了，就会有利于人类的生活和发展；如果力没有运用恰当，就会让人感觉到费劲。“知己知彼，百战不殆”，如果想打赢这场力与运动的战争，不如先来了解一下各种力是怎么回事吧。

“鱼刺”不卡了

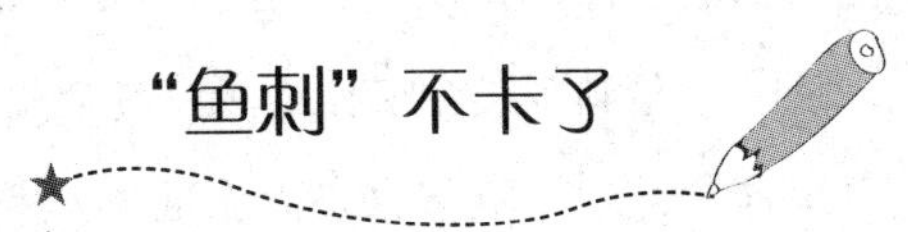

一个周末的午后，小可早已经写完了作业，电视里也没有什么可看的节目，附近的小伙伴正好都不在家，无事可做的小可躺在沙发上唉声叹气，不知道做些什么才好。爷爷看他如此无聊，就提议一起做个小实验，打发一下无聊的时光。小可欣然答应了。

于是，爷爷就和小可一起找来了以下几样东西：直径 9 毫米的毛笔杆、棉花、两个一样大小的玻璃杯、铁丝和适量的水。

爷爷先是在毛笔杆上截取了一段 5.5 厘米长度的笔杆，将笔杆的中心打一个直径为 5 毫米的孔，中间注进半管水，在笔杆的两头紧塞上棉花，拦腰再扎上一两圈细铁丝，这就做成了一根类似于“鱼刺”的东西。而后，爷爷把“鱼刺”放进水里，并调节下铁丝的长短，使它刚好能直立地浮上水面。

接着，爷爷又找来两只大小相同的玻璃杯，将两只水杯都装满水，与杯口相齐，并把“鱼刺”放入了一只水杯中，而另一只杯上则被盖上了一张厚纸。只听爷爷说道：“小可，看清楚了，我要变魔术了！”说完，爷爷就用手压着这张厚纸，将这只水杯倒了过来，并快速地对准扣在了有“鱼刺”的那只水杯上。然后，爷爷抽掉纸，将两只杯子连成了一个封闭的长水筒。慢慢地，小可就看到了这么一幕：当爷爷慢慢地把两只杯子倒转过来的时候，水杯中的“鱼刺”先卡在杯子的下部不上浮，过了一会儿，才又自动脱落地升上了顶部；再次倒转杯子，“鱼刺”又会卡住，然后过会儿才脱落上升……

小可觉得很神奇，就问爷爷这是怎么回事。爷爷这才解释了一下，小可感叹地说道：“物理真伟大啊！”

请问，你知道这是怎么一回事吗？

这是压力和摩擦力在起作用。当爷爷把杯子倒过来的时候，按理说“鱼刺”也应该转个身，继续漂浮在杯子的上半部分。但是，因为“鱼刺”比杯底的直径长，所以它就会卡在杯壁上，跟着一起倒过来，落到了杯子的下半部分。直到过了一会儿，随着“鱼刺”中的空气慢慢升到了“鱼刺”的另一头，它放松了对杯壁的压力，摩擦力减小了，“鱼刺”才会重新浮到杯子的上部。

防滑鞋为什么能防滑

“摩擦！摩擦！在光滑的地上摩擦！”欣欣一边哼着最近新学到的流行歌曲，一边穿着让妈妈新买的板鞋在地板上做着摩擦的动作，在客厅里翩然起舞。

欣欣的叔叔看到了，笑哈哈地问欣欣：“欣欣，我听不懂你在唱什么，但是你知道滑板鞋为什么能在光滑的地板上摩擦，还不会让人摔倒吗？”

“嗯？难道不是因为它是鞋子，所以能让人站立在地板上，才不会摔倒吗？”欣欣疑惑地问道。

“嗯，也对也不对。那你再说板鞋和其他鞋子有什么不一样的地方？”

“不一样的地方……难道是鞋底不一样？”

“对了！就是鞋底不一样。”说完，叔叔就拿着普通的鞋子和欣欣脚上的板鞋做了比较。在叔叔的提示下，欣欣看到她穿的板鞋跟一般鞋子比较来看，鞋底非常平整，能让鞋底完全地平贴在地面上；而且，欣欣总感觉板鞋的鞋底要比其他的鞋子更宽大一点，上面也分布了很多小块状的东西，看起来更加防滑。

看完这些，欣欣恍然大悟，说道："叔叔，我知道板鞋为什么能防滑了？就是因为……"

叔叔听后，点点头说欣欣说对了。亲爱的读者朋友们，你们知道板鞋及市面上售卖的防滑鞋的防滑原理是什么吗？

防滑鞋的防滑原理就是利用了摩擦力。欣欣在比较了防滑鞋与普通的鞋子之后，认为防滑鞋之所以防滑，就是因为鞋底有很多小块状的东西，增大了鞋子与地面的摩擦力。

这就得解释一下摩擦力了。摩擦力是一种对人们的生活很重要的作用力，只要两个物体相互接触了，就能产生摩擦力，可分为有利摩擦和有害摩擦。像防滑鞋的这种摩擦力就是有利摩擦，因为增大了接触面的面积、粗糙程度，导致摩擦力变大，让人不至于滑倒。

如果你碰巧买了新鞋子，或者是遇到了下雨、下雪的天气，感觉鞋底有点滑的时候，不妨增加一下鞋底的摩擦力，比如用砂纸摩擦鞋底、在鞋底贴上胶布等，就可以增大摩擦力，起到很好的防滑效果。

猜猜看哪根线先断

现在有一个铁球，你在铁球两边的环上分别系上线，并将线的一端固定在实验架（没有实验架，固定在吸管或门环上也可以）上，而另一端则系上小木棍。这时，你一面慢慢地拉木棍，一面观察哪一边的线先被拉断。如果你是瞬间快速地拉木棍后并停下来，又是哪边的线先被拉断呢？

你会发现，如果慢慢地拉动木棍的话，那么被拉断的线是实验架与球之间的线；如果你在瞬间快速拉动木棍的话，那么被拉断的是木棍与球之间的线。请问，为什么会有不一样的现象发生呢？

这需要我们先来分析一下用线连结的球所受的力都有哪些。首先，是地球对铁球的引力——重力，还有为了不使球掉下来而固定在实验架上的线的拉力。现在，这两种力是处于平衡状态的。但是，当你慢慢拉动木棍时，固定在实验架上的线的拉力与地球引力就不平衡了，固定在实验架上的线因为经不住重力而被拉断了。当你瞬间快速地拉动木棍时，由于铁球停止不动而人大力往下拉，超了线的承受能力，所以球与木棍之间的线被拉断了。

瓶子射铅笔的游戏

星期天，思达和他的小伙伴们一起，玩了一个瓶子射铅笔的游戏。

做这个游戏之前，思达和小伙伴们每个人都准备了一只装有矿泉水的塑料瓶。这个塑料瓶可不是随意选择的，要求瓶口一定要很小，且瓶壁有一定的硬度。接着，思达和小伙伴们就在离底部不远的瓶壁上钻了一个约 5 毫米的小孔，并将一只没有吹过气的小气球塞入了瓶内，把它的吹气口留在了瓶外，反套在瓶口上。然后，思达和小伙伴们就纷纷用嘴朝着瓶里的气球吹气。当气球膨胀到一定程度时，立即用右手中指堵住瓶壁上的小孔。

这时，让瓶口朝天，思达和小伙伴们把事先准备好的铅笔放进瓶子里，并让铅笔的一头留在瓶口外，然后，再移开堵住小孔的手指，他们就看到铅笔被射向了空中。如果谁射得远，谁就赢了。

思达和小伙伴们玩得很开心，但是你能告诉他们这个游戏的原理是什么吗?

游戏中，由于瓶中的气球被吹胀了，当人用手指堵住小孔后，在气球外与瓶子内的大气压力的作用下，气球膜与瓶壁之间就形成一个密封的空间。这个空间中的空气压强加上气球膜的收缩力产生的压强，就等于外间的大气压强。如果气球要收缩，气球膜与瓶壁间密封空间里的空气体积就会增大，造成压力减小，而外间的大气压力会强迫球膜凹进瓶里。所以吹胀的气球虽然没有系紧吹气口，仍然不会瘪下去。但是，当人的手指一旦放开小孔，那么，气球膜与瓶壁之间的空间就不再是密封的了。没有了压强差，拉伸的球膜就马上自动收缩起来，所以就把铅笔发射了出去。

小小潜水艇

你知道为什么潜水艇可以在水面和海底来去自由吗？现在，让我们在实验中寻找答案。

取一个水盆，装上适量的清水。找一个挤压式的眼药水瓶子，去掉小瓶的盖子，然后在小瓶中装满水，将它放到水盆中去，你就看到它沉到了盆底。接着，将一个塑料吸管的一端放入眼药水的小瓶内，然后在吸管的另一端吹气。你就看到沉入水底的小瓶子慢慢地浮上来了。

潜水艇的工作原理和这个是一样的，你知道是怎么回事吗？

在这个游戏中，沉入水底的小瓶子之所以能浮起来，是因为改变了物体的重量从而改变物体在水中的沉浮状态。首先，小瓶子能沉下去是因为它本身加上水的重量比较重。当我们向瓶子中间吹气的时候，空气会排除瓶子中的一部分水，让瓶子变轻，它受到的浮力自然足以把它托起来了。

潜水艇的原理跟这个类似。在水面上时，潜水艇和普通轮船的航行方式一样。不过，潜水艇的船身内有特制的水舱，能够装水或空气来改变潜水艇的重量。因此，当潜水艇准备潜水时，就向水舱内灌进大量海水，使潜水艇的重量加重，所以潜水艇能够潜入水里。当潜水艇要回到水面上时，就向水舱内充进压缩的空气，把海水挤压出去，这时候，潜水艇的重量变轻，所以潜水艇又会浮到水面上。

坚固的赵州桥

冉冉在语文课上学了一篇新课文，叫《赵州桥》。课本上说，赵州桥已经有1400多年的历史了，这期间经历了10次水灾、8次战乱和多次大小地震，依然坚固地横跨在河面上，屹立不倒。课文中虽然做了分析，冉冉仍有一些疑问。

带着这些疑问，冉冉回到了家，去询问家里博学多识的大学生哥哥。当哥哥听了冉冉的疑问后，就让冉冉去冰箱里拿了两个鸡蛋。冉冉虽然不解，但还是拿来了两个鸡蛋。哥哥问道：“冉冉，你猜猜看，如果用鸡蛋的小头撞大头的话，哪一头先破？”

“这个我知道，肯定是小头啊！”冉冉急切地说道。

哥哥只笑不语，让冉冉两只手各拿着一个鸡蛋，按照哥哥说的那样，用一个鸡蛋的小头去撞另一个鸡蛋的大头。结果，令冉冉惊奇的是，竟然是鸡蛋的大头被撞破了！接着，哥哥又让冉冉用鸡蛋的大头和另一个鸡蛋的中部相撞，结果是鸡蛋的中部被撞破。

当冉冉捡起被撞碎的鸡蛋壳，她发现鸡蛋的小头处和鸡蛋中部的蛋壳一样的薄，可是，为什么反而是小头那里最硬呢？请问，这是怎么一回事呢？

原来，鸡蛋的小头、大头、中间的这三个部位的蛋壳虽然差不多厚薄，但是，让这三者有区别的就是蛋壳的拱形结构了。

细看一下，你会发现，小头那里的蛋亮拱形的弯曲程度是最大的，大头那里居中，而中间部位的蛋壳则比较趋于平整。相比较而言，拱形结构的物体要比平整结构的物体承载能力强，而且，拱形结构的弯曲程度越大，对抗外来压力的性能就越强。

这是因为拱形结构的物体在承载重量时，会把压力向下、向外传递给相邻的部分，而拱形各部分又会相互挤压，使其结合得更加紧密。拱形受压后会产生一个向外推的力来抵住这个力，就能承载很大的重量了。根据鸡蛋壳的这个实验，你就会知道有着拱形结构的赵州桥为什么这么坚固了。

新奇的拉簧

不知道大家有没有注意到生活中有一个这样的现象：当你去推一个体积特别庞大，或者是体重特别重的东西的时候，你有没有觉得你在用劲儿推的时候那个东西也在推你？甚至当你在特别吃力地推的时候，你能感觉它貌似要把你给推倒了？大家知道这是怎么一回事吗？如果你不知道的话，也不要担心，我们这就来做一个实验加以探讨。

找一根 50 厘米长的细绳，并串上 2 颗纽扣，然后将绳头打结，形成绳圈，就做成了一只双飞轮拉簧（如下图所示）。

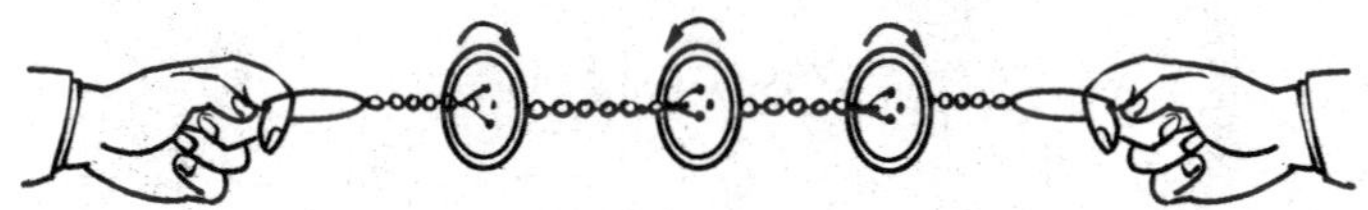

当你用双手持续地拉动线绳的时候，注意在松动的时候也不要让绳弯软，这时，两个飞轮就贴在一起转动。接着，你可以变动力气大小，用手拉、松线绳的速度增大一倍，而且每一次松开线绳的时候都要松得彻底，这样，你就会发现，两个飞轮分开了！而且它们旋转的方向始终相反。更奇妙的是，当你在绳子上串了 8 颗纽扣后，拉绳的频率再增大到一定值，8 颗纽扣（飞轮）都各自旋转了——而且是一个朝前、一个朝后、一个又朝前，一个又朝后的顺序。你知道这都是怎么一回事吗？

这个小实验就是告诉了我们关于反作用的一个问题。当炮弹往前打的时候，炮受到的反作用力就会后退；由此可见，作用力和反作用力是生活中一种普遍存在的规律，是一对相互的

作用力，它们大小相等、方向相反，在一条直线上。这个实验，就是讲解了反作用力的作用，即当炮弹往前打的时候，炮会受到反作用力而后退。

鸡蛋壳变不倒翁的秘密

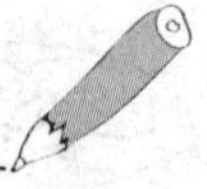

你有没有玩过不倒翁？是不是觉得这个胖胖的、摇过来晃过去的小人特别可爱呢？那么，你知道不倒翁为什么会不倒吗？

我们自己制作一个简易的不倒翁，就知道是怎么回事了。拿一个生鸡蛋，将它立在桌子上，这个鸡蛋是不是始终站不住呢？别着急，我们可以从小头那里小心地戳开一个小洞，将里面的蛋液倒出来。这时候你再看看空了的鸡蛋壳，是不是依然站不住呢？如果是的话，再找来一些细沙子，将沙子慢慢灌入空了的鸡蛋壳中。在一边灌沙子的时候，一边将灌了沙子的鸡蛋壳放在桌子上，看它会不会站住。如果鸡蛋壳摇摇晃晃地站住了，而且不管你怎么推，它都不倒，这就说明鸡蛋壳不倒翁做好了。

那么，你来说说看，原本站不住的鸡蛋和鸡蛋壳为什么会变成一个不倒翁呢？如果你观察仔细的话，你会发现，鸡蛋壳中的沙子的高度总是小于鸡蛋壳下半部的直径。

让鸡蛋壳不倒的秘诀就在于那些沙子了。这是利用了物体的重心这一点。

众所周知，上轻下重的物体比较稳定，也就是说重心越低越稳定。不倒翁本来是一个空心的壳体，重量很轻。但是当我们往里面加入了沙土之类有重量的东西后，会让不倒翁的下半身变成一个实心的半球体，而不倒翁的重心就在半球体之内。不倒翁下面的半球体和支撑面之间有一个接触点，这个接触点就是不倒翁的支点，位于半球中心，位于中心的正下方。这个半球体在支撑面上滚动时，接触点的位置虽然发生改变，不倒翁在重力的作用下仍要回到其支点保持自身平衡。所以不倒翁就始终不会倒。

所以，制作不倒翁的秘诀就在于要让不倒翁的重心低于它底面的圆心。这样，当不倒翁倾斜时，触地点比重心偏离得快，重力就能促使不倒翁摆回来了。

小汽船的运行原理

周末，小明闲着无聊，就按照实验书上的说明，在家自己做了一个小汽船。

首先，小明找来一些木板，按照图二所示的形状和尺寸制作了一个汽船。其次，小明找了一根细铁管，用薄铁片在大铁钉或粗铁丝上卷上，一头收口时要细些，将缝隙用锡焊合（如图三所示）。

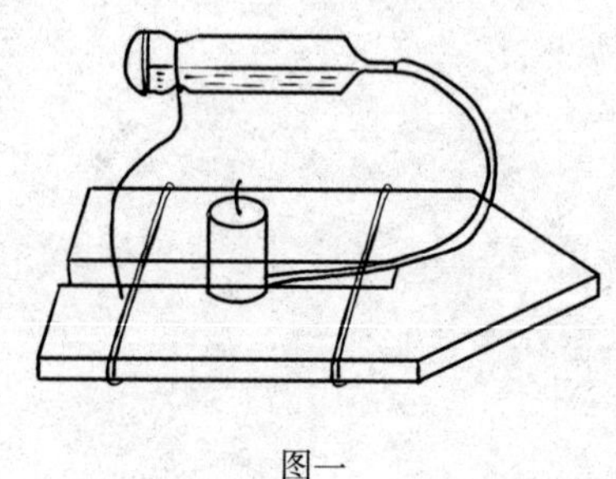

图一

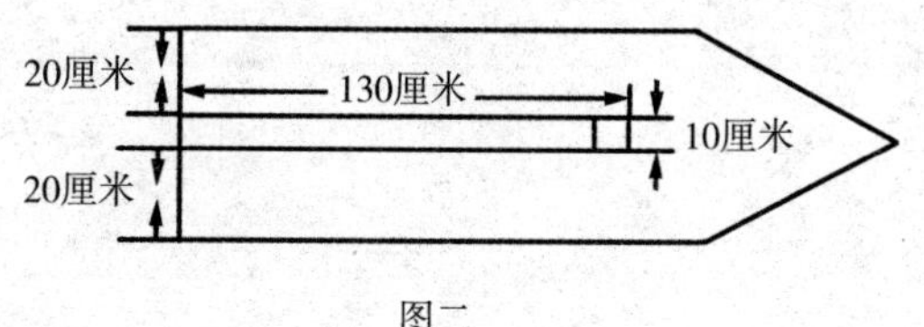

图二

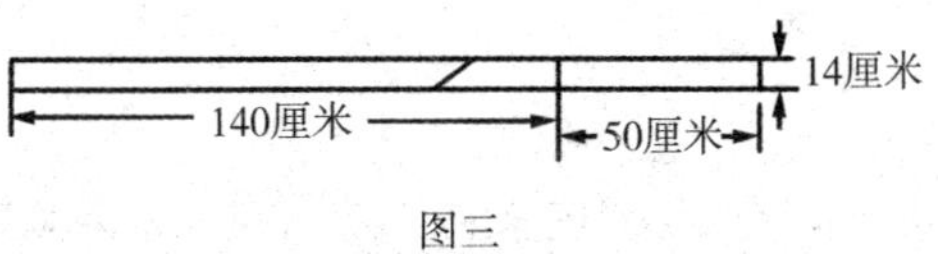

图三

再次，小明在装配这些东西时，先在船板上钻了一个小孔，插入一段直径1毫米的细铁丝，用来固定玻璃眼药水瓶。然后，他在玻璃瓶的尖口套上一段长120毫米的自行车气门芯胶管，胶管的另一头套在铁管的细口上。接着，小明又在船身前后的适当位置上分别套上了两根橡皮筋，用来固定住铁管，使铁管可以插入橡皮筋中，这样既能保持倾斜又能随意调整（如图四所示）。

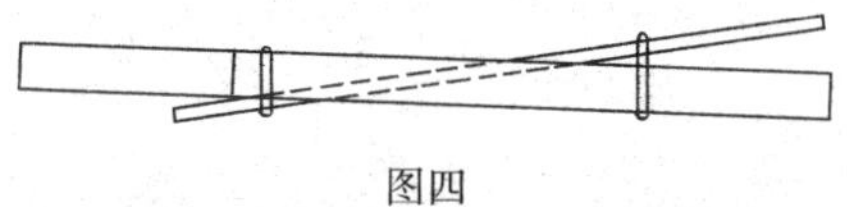

图四

最后，小明在玻璃瓶中装半瓶水，小汽船就做好了，最后的成型图如图一所示的那样。

在试航时，小明先点燃了一小根蜡烛。过了一会儿，等到空气排完后，水蒸气就激起管内水柱做往返的振动。这时汽船就启动了。

注意，点燃蜡烛的火焰太大了，反而会使船不能航行，因为水蒸气太强会把铁管内的水柱全部压出管外。这时，可以剪去一点烛芯，或加大瓶与焰间的距离。此外，还可以移动铁管前后的位置，调节浸入水里的长度。

你知道小明自制的汽船为什么能航行吗?

答案

这是因为水柱在铁管内来回振动。因为水柱来回振动的快慢不同，产生了一个碰撞的力，所以才推动了小船向前行进。

尖头好，还是圆头好

你小时候玩过陀螺吗？就是那种圆圆的锥形小玩具，用鞭子不断抽它，就能在地面上转动很久很久。如果你玩过的话，那你有没有认真地观察过陀螺的构造呢？或许有人会说，这有什么好观察的，不就是一个圆锥体吗？话虽如此，但是如果你仔细研究过陀螺，你就会发现陀螺底部，也就是挨着地面的那个头很有讲究。

在很多人的认知中，认为陀螺的这个头就是尖尖的。但是，研究表明，陀螺的底部是尖头还是圆头，会有很不一样的效果。不信的话，就一起来做个实验吧。

你先用铁皮剪一个小圆片，并在圆片的中心打一个孔，然后插进去一段直径为2～3毫米的去头长螺钉。接着，用两个螺帽把铁片夹紧在螺钉的中部，将螺钉的一端用锉刀锉成针尖状，另一端锉成圆头状。一个简易的螺钉陀螺就做好了。

做好后，你可以先将螺钉陀螺比较尖的那一端着地，然后用手使螺钉陀螺旋转开来。在转动的过程中，你发现螺钉着地点的位置始终没有移动。过一会儿，陀螺就开始了倾斜，进而产生了振动，接着倾斜角度逐渐加大，直到圆铁片倒地不转为止。

然后，你再将螺钉陀螺的圆头着地，并像之前一样用手使其旋转。你会发现，着地点的位置始终处于一个移动划圈状态。但是，在移动的过程中，螺钉陀螺一旦发生了倾斜，触地点稍微移动一下，陀螺就又会直立旋转起来。

由此看来，陀螺是圆头比较好一点，可以转动的时间更长。那么，你知道其中的原因是什么吗？

原来，尖头陀螺的头是尖的，所以，陀螺的着地点总是固定在这一点上。所以，当陀螺轴略有倾斜的时候，陀螺就会产生振动，而且不能通过移动着地点的位置来使自己直立并旋转起来。因此，当陀螺本身随着转动的加大而越来越倾斜的时候，最终就会触地，停止旋转。

但是，当圆头陀螺旋转的时候，由于着地点在不断地移动，从而使它在旋转中不断地直立起来，保持直立转动，所以圆头陀螺才旋转得更稳定、更持久。

往前跌落的气球

我们坐在公交车上，如果遇到了急刹车，我们每个人都会身体前倾，甚至摔倒。这就是惯性的作用。现在，我们只用一个简单的玩具车和一个小气球，来看一下惯性是怎样发生作用的。

找一辆能拉动的玩具车，拿着一个吹好的小气球，将它放在玩具车的上面。用细绳的一端系在玩具小车上，并在小车前面的一段距离处设置一个比较矮的障碍（矮于小车的整车高度就可以）。然后，你快速地拉着细绳，让小车往前行驶。当小车撞在障碍物上后，就会停止下来，而你却看到车上的气球却不会停止下来，依然会按照原先的车速往前面冲去，直到它从车上跌落下来。这就是惯性的作用了。

不过，你能说说看，惯性到底是怎么一回事吗？

在这个实验中，玩具车上的气球在随着玩具车行驶，当车子遇到障碍后，就会停止下来，而上面的气球却因为没有障碍（障碍物高度比较矮）的阻拦，依然会保持原来的车速往前行

进，这就是惯性。惯性是物体的一种固有属性，表现为物体对其运动状态变化的一种阻抗程度，质量是对其物体惯性大小的量度。

其实不止气球是这样，任何运动着的物体，在无障碍的情况下，总是保持着向前运动的趋势。直到遇到摩擦力或阻碍，才会停止下来。

拔河比赛只是在比力气吗

又到了一年一度的春季运动会了，松山小学展开了激烈的拔河比赛。这一次，四（3）班很不幸地抽到了四（2）班，这意味着两个班要进行拔河比赛。为什么说四（3）班很不幸呢？因为四（3）班的男生是四（2）班男生的一半，人员力量不足。因此，一抽完签，四（3）班的学生们就唉声叹气的，觉得自己班这次肯定输了。

班主任王老师看到大家的神态后，就问大家：“同学们，你们是不是觉得我们这次拔河比赛输定了啊？”

“肯定是啊！”

“这不明摆着的吗？老师。”

“四（2）班的男生那么多，力气那么大，我们班怎么比得过？”

……

王老师站在讲台上，看着同学们在四处议论着，就大声说道：“让我说，我们班这次未必就输！为什么我会这样说呢？因为同学们可以想一想，拔河比赛真的就是在比力气大小吗？”

听到王老师这样问，大家都面面相觑，神情都是一副“难道不是吗？老师你是不是在逗我”的样子。王老师看着同学们说道：“只要你们按照我说的做，我们就一定能赢得比赛。”

说完，王老师就开始排兵布阵了：前排和后排都安排了班级中体重最大的几名同学，还告诉了每个同学应该如何站位。同时，王老师还留下了一个任务，要求拔河比赛那天，每个学生都穿上登山专用的防滑能力特别强的鞋子，并带上防滑手套。

虽然同学们都充满疑问，但还是按照王老师的要求做了。到了拔河比赛那天，果然没有出乎王老师的意料，四（3）班取得了胜利！同学们在欢呼雀跃的同时，纷纷询问王老师其中的“秘诀”。王老师就告诉了同学们，同学们这才知道，原来拔河比赛真的不只是在比力气。请问，你们知道四（3）班胜利的秘诀是什么吗？

很多人都认为拔河比赛是单纯的比力气的大小，其实不然。根据牛顿第三定律可以得知，当物体甲给物体乙一个作用力的时候，物体乙必然同时给物体甲一个反作用力，其中，作用力与反作用力的大小是相等的，只不过方向相反，且在同一条直

线上。对于拔河比赛的两个队，一方对另一方施加了多大的拉力，另一方对这一方就同时会产生一个一样大小的拉力。可见，双方之间的拉力并不是决定胜负的因素。

这是因为只要所受的拉力小于与地面的最大静摩擦力了，就不会被拉动。因此，王老师的方法就是想办法增大同学们与地面的摩擦力，这才是胜负的关键与秘诀所在。所以，王老师才要求同学们穿上防滑鞋，因为防滑鞋的鞋底有凹凸不平的花纹，能够增大摩擦系数，使摩擦力增大；而且，戴上防滑手套后，与绳子之间也有了摩擦力，不容易让绳子滑落。

再就是一点，队员的体重越重，对地面的压力越大，摩擦力也会增大。所以，王老师才要求体重大的同学守住首尾两头，为的就是稳定队伍。另外，在拔河比赛中，当人们用脚使劲蹬地的时候，在短时间内可以对地面产生超过自己体重的压力。再如，人向后仰，借助对方的拉力也可以增大对地面的压力。所以，拔河比赛真的不只是在比力气大小，而是有很多决定因素的。

Part 7

“调皮”的声音：玩转声音的奇妙游戏

人的声音有高亢、低沉、温润的差别，动物的叫声有“咕咕”“啾啾”“呱呱”的不同，自然界的声音有“嗖嗖”“噼啪”“咔嚓”的分别。尽管这些声音都不一样，但是它们却是世界上独一无二的音符，组合成了最美的乐章。那么，这些不同的声音是如何发出来的？声音是如何传播的？为什么有的声音悦耳动听，有的却尖锐刺耳呢？不要着急，跟随着本章的步伐，让我们去做一些关于声音的奇妙游戏，揭开声音的神秘面纱。

会听声音的骨骼

看到这个标题有没有觉得神奇或恐怖呢？声音是用耳朵听的，怎么能用骨骼听呢？实在是太匪夷所思了吧？那就让我们先来做个小实验吧，看看骨骼是怎么听见声音的。

现在，请你找两小团棉花，把自己的耳朵塞住，然后用手指甲轻轻刮触桌子。你会发现，这个时候，耳朵是很难听见刮划声的。如果你在堵住耳朵的情况下，用你的手指甲去刮触你自己的牙齿，即使是非常轻的动作，你也一定会听到很响的磕碰声。你知道这是怎么回事吗？

做完这个实验后，再做一个。同样是用两个棉花球塞住耳朵。取来一根音叉，用橡皮锤敲击多次，使音叉振动，但要让它的振动声很轻，轻到你的耳朵并不能听见声音。然后，你再将音叉柄的末端分别抵住你的额头骨、头盖骨和颧骨，你再感受一下，你就会清楚地听到音叉的震动声。一旦音叉脱离接触，声音马上就消失了。这又是怎么一回事呢？

答案

这两个实验都和声音的传播有关。

在第一个实验中，你之所以能听到手指刮牙齿的巨大的声音，是因为这声音并不是从耳朵里传入的。平时我们耳朵所听到的声音，是物体振动引起空气振动，振动的空气又震动了我们耳朵的鼓膜，通过耳蜗传到听觉神经，最后被大脑感知。除了耳朵的听觉系统外，我们的骨骼也与听觉神经相通。在刚才的小实验中，手指甲与牙齿刮触的振动，是从牙齿经由颌骨传给听觉神经的。

骨骼能听到声音，就是因为这样的原理，由听觉神经直接让我们听到了声音。

金属罐传音

不需要借助电话，用两个金属罐和一根细绳就能和小伙伴们说悄悄话了。不相信？那就一起来实验一下吧。

找两个金属罐子，在底部各钻一个小孔，这个小孔的大小最好在能让细绳穿过的前提下越小越好。然后，取过细绳，穿过底部的小孔，将两个金属罐连接在一起。注意，要在细绳的两端分别打上死结，而且这个结要大于孔眼，以免细绳被拉出罐外。至于细绳的长度，则取决于你和朋友之间的位置的距离。

制作完成后，你就可以和你的朋友一人拿一个金属罐，拉直细绳就可以进行对话了。但是，在讲话的时候要注意靠近金属罐，而且，细绳不能碰到别的东西，否则声音可能传播到别的地方去，影响你听到的效果。

在和你的朋友用自制的金属罐说话的同时，你也要想想，这其中是什么原理。为什么你们能听到对方说话呢？哪怕你们隔了几个房间的距离，依然听得很清楚？

这是因为声音在固体中的传播速度很快。声音在不同的介质中，传播的速度不同，因而产生了声音的反射与折射现象。当你对这金属罐讲话的时候，声音经由金属罐传递到细绳上去。如果不信的话，可以在说话的时候，触摸一下细绳，你就会发现细绳有轻微的振动。由于声音传到了细绳上，会沿着细绳朝前传播，最后到达另一端的铁罐，于是，声音就传到了你朋友的耳朵里。

自制笛子

笛子，人人都见过，可是，你知道笛子是靠什么能演奏出悦耳动听的音乐的吗？有人说是笛子上的那几个小孔，那么，那几个小孔是随意挖的吗？下面，就由这个小制作来告诉你笛子出声的原理吧。

先找来一根光滑的竹管（也可以用塑料管来代替），并测量出竹管的内径；然后，将一个小小的软木塞打磨成适合竹管内径的大小，能够刚刚塞住竹管就可以；接着，用手钻在竹管的一侧钻出一个小圆孔，并用砂纸打磨一下；在离这个圆孔较近的一端塞入软木塞，与圆孔齐平，但是软木塞不能堵塞圆孔。

如果软木塞与竹管之间还存有缝隙的话，就很容易漏气，所以，可以拿着胶水从管口滴入，封死缝隙。做好后，你可以试着吹奏一下，确定不会发生漏气后，就以这个孔作为笛子的吹孔，以此为标准来确定音准。确定好后，就继续在竹管上沿直线依次钻孔，每钻一孔，都可以在吹孔中试音，确定笛音是否准确。如果小孔的大小不合适的话，你可以一面试吹，一面用砂纸或者圆锉打磨、矫正孔洞，直到正确为止。除去吹孔外，笛子上应该钻有 6 个孔。

等你打好孔后，笛子就做好了。在吹奏笛子时，可以松开、按住笛孔的不同手指，演奏出不同的音阶。吹奏出奇妙无穷的笛音。那么，请问笛子为什么会发声呢？

答案

笛子是利用空气的振动来发声的。因为上面有很多小孔，当你按住某个孔吹笛子的时候，空气就开始流动，与空气柱产生共鸣，产生声音。

用眼睛看到的声音

人们只会说“听声音”，你见过有人“看声音”的吗？换言之，声音能够被肉眼看见吗？这个虽然说有点困难，但是也不是不可以，只不过我们需要配合一些简单的材料来自制一个“光线示波器”，用它来显示出声音的振动，让我们“看到”声音。

准备好以下东西：一个空易拉罐、一个气球、一把剪刀、橡皮筋、绳子、胶水、手电筒、一个比指甲盖稍大些的镜片。然后就开始做实验吧。

首先，你需要剪去易拉罐的底部和上部，使它成为两头透亮的一个空筒。然后，找一个气球，剪去它的颈部，将其蒙在易拉罐的一端，并用力抓住气球的边，将它绷紧，然后再用橡皮圈把它紧紧绷住，就像鼓面一样。

其次，把那个小镜片用胶水粘住，贴在紧绷的气球鼓面上，使镜面向外。

再次，打开手电筒，照在镜子上，你会看到一个光点从镜面反射到了墙上。如果墙上的光点不够清晰的话，可以用一张硬白纸当屏幕。

最后，把铁罐放在桌子上，用书本等物品作为支撑将其固定住，并调整好手电筒、镜面与光点的合适角度。然后，你在铁罐的另一端大喊或唱歌，同时观看墙上的光点。如果不出意外的话，你会看到墙面上的光点晃动了起来，这就是声音在“跳舞”了！

那么，你知道声音被看到的原理是什么吗？

声音是因为物体的振动而产生的。当你对着易拉罐唱歌时，从你的肺里就会出来空气，促使声带振动，产生了压力波，也叫声波。这个声波就像水中的涟漪一样，撞击到了前方的气球膜上，使气球膜也随之振动了。这个时候，正好有光在上面，所以，气球膜的振动促使上面的小镜子反射出来的光也跟着动了起来，投射到墙壁上，你就借着光看到了声音的样子。

声音跑到哪里去了

我们的周围有各种各样的声音，而这些声音也很奇怪，它们有时候远，有时候近，有时候大，有时候小。有时候用一种东西发出来的声音，却会产生不一样的声音效果。难道声音也会自己变化吗？这个实验将告诉你们答案。

找来两张硬纸和一本书，还有一只能发出“嘀嗒”声音的手表。然后，把两张硬纸分别卷成两个纸筒，把纸筒横放在桌面上。接着，你把手表放在其中一个纸筒的一个开口处，把耳朵放在另一个纸筒的一个开口处。你听听看，看能不能听到手表的“嘀嗒”声呢？是不是什么都听不到？如果是的话，你可以在另一个纸筒的开口连接处放一本书，这个时候再听听看，是不是能听到手表清楚的“嘀嗒”声呢？

请问，为什么在纸筒的一端放上一本书后就能听到手表的“嘀嗒”声了呢？

答案

众所周知，声音以波的形式在空气中传播。实验中的纸筒前方如果没有放书的话，声波就从纸筒中传出去了，不会反射回来，因而我们听不到手表细微的“嘀嗒”声。但是，当我们在纸筒的一端放上一本书的时候，声波就会被书反射回来，因此，我们就听到了声音，而且还觉得这个声音比较大。

嘴型的变化会影响声音

当你张口说话的时候，用手去触摸你的喉咙，你会发现喉部的肌肉正在辛勤地工作着。

但是，同样是用喉咙发声，每个人发出来的声音都不一样。不相信的话，我们可以做个小游戏。

首先，你尝试发一下英文字母“A”的音，你发现你得把软腭的位置放得很低，使你的咽部成拱状。如果你把舌头抬了起来，向上腭靠近的话，气流的出口就关小了，你发出来的就是汉语中的“衣”字的音了。等到你把嘴唇撅起来，你发出的便是“玉”的音了。

然而，为什么咽喉运动的位置不一样，发出的音就不一样呢？

之所以会有上述不同，是因为声音是通过“喉—咽—口腔”这三个部位协同作用下产生的，它们共同起到共鸣腔的作用。而每个人的共鸣腔的形状都不一样，肌肉数目也不一样，共鸣腔变形的程度也不同，因此每个人的音色都是独一无二的。

咽喉发声时产生的变化就像身处在一个拱形的建筑物中间一样，身处在不一样的位置，听到的声音就不一样。这是因为声音的传播很有意思，不仅能直线传播，也可以在墙壁和天花板上反弹后再传播。而声音经过反弹后再传出来也会根据远近距离的不同，产生不一样的共鸣。所以，当你半张着嘴和大张着嘴或是不张嘴，由于嘴形不同，舌头与上腭形成的拱形高度也不一样，运动的肌肉数目不同，声音的传播和共鸣自然不一样，发出的声音也就不一样了。

恐怖的声音

在可乐刚被发明的时候，人们因为不了解可乐，在喝可乐的时

候还闹了很多笑话呢！

有一次，有一个人第一次买可乐喝，很不舍得喝，于是就慢慢地喝。当他喝了还剩下四分之一的时候，他就拧好盖子，将可乐放在自行车车筐中，计划等会儿回到家再喝。由于这个人回家的路比较颠簸，所以他就看见车筐中的可乐被颠了几次后，瓶中就多了很多泡泡，而且这些泡泡渐渐都上升到饮料的表面。等走到平路后，这些泡泡就逐渐消失了。然而，当他又走在颠簸的路上时，瓶中又起来了很多泡泡，只不过比第一次的泡泡少了很多。如此反复了几次，这个人发现瓶子中的泡泡越来越少。

终于，这个人到家了，而瓶子中也不怎么有泡泡了。于是，这个人就拧开了瓶盖，计划畅饮一番。结果，刚拧开盖子，这个人就听到了一阵“嘶嘶”的声音，就像蛇出动似的。这个人顿时吓了一跳，但他又没看到周围有蛇，这才放下心来。等这个人拿着可乐瓶子靠近喝的时候，才发现“嘶嘶”声原来是从可乐瓶中发出来的，而且，瓶中再度形成了许多泡泡。这个人顿时摸不着头脑，不知道可乐瓶中为何会发出蛇一样的声音。

请问，你能告诉他可乐瓶中的“嘶嘶”声是怎么出现的吗？

这是因为可乐饮料中含有大量的二氧化碳气体。当这个人的可乐瓶在车筐中被摇动时，瓶子中的二氧化碳气体分子就聚集在一起，形成了看得见的泡泡。这些泡泡破裂后，二氧化碳气体则聚集在了饮料的表面。当饮料表面上的气体聚集较多的时候，饮料表面承受的气体压力就较大，泡泡的数量就会逐渐减少了。最后，当这个人打开瓶盖时，因为瓶内的气体能扩散到整个瓶内及瓶外的空间中，所以液体上方的压力就降低了，于是立刻形成了许多泡泡。而瓶内的气体因为在快速从瓶口散出来，所以就发出了“嘶嘶”声。

发出两种不同声音的铃铛

乐乐这几天刚买了一个铃铛，非常喜欢。所以，乐乐每天都摇晃着铃铛，听着“铛铛铛”的声音，非常开心。不过，玩了几天后，乐乐发现铃铛只会发出这一种声音，就觉得有些乏味了，于是就将铃铛扔在了一旁，不玩了。爷爷看见后，就问乐乐为什么不玩铃铛了。乐乐就说出了自己的苦恼。谁知，爷爷听后却说：“谁说铃铛只能发出一种声音的？我这就来教你让它发出不同的声音。”

说完，爷爷就让乐乐拿来了那个“被抛弃”的铃铛，并让乐乐找来一根表面光滑的木棍。就这样，实验开始了！

首先，爷爷让乐乐以正常的方式去摇晃铃铛，他们都听到铃铛发出了一种清脆的声音。接着，爷爷让乐乐用右手握住铃铛的手柄，把铃铛朝下，左手拿着一根木棍，紧贴着铃铛的底端沿着周边做持续平衡的圆周运动。这时，乐乐就听到铃铛发出了一种与以往不一样的声音，不再是“铛铛”的声音，而是“嗡嗡”的声音！

乐乐瞬间觉得小小的铃铛怎么能这么神奇呢？竟然能同时发出两种声音！爷爷告诉乐乐，铃铛能发出很多声音，就看他怎么开发了。听了教诲的乐乐于是又去开发铃铛的其他声音去了。

你能说出来铃铛为什么能同时发出两种声音吗？

在这个游戏中，乐乐先是摇动了铃铛，使铃铛受到了撞击，所以产生了振动，铃铛就会响起来。铃铛之所以能发出两种声音，就是因为铃铛发生了两种振动。

当摇动铃铛时，铃舌很重地敲在铃铛壁上，产生了一种尖锐、单一的撞击，这使得铃铛发出一种清脆的“铛铛”的声音。但是，当木棍紧贴着铃铛的底端做圆周运动时，会对铃铛产生了许多细小的撞击，而这种细小的撞击声音每秒钟会振动很多次，就使得铃铛发出了另外一种“嗡嗡”的声音。而木棍刚离开铃铛时，这种振动还存在，再加上乐乐的摇晃，所以就产生了两种振动，铃铛才会有两种不同的声音。

真空中声音能传播吗

随着科幻电影《星际穿越》的上映，越来越多的人开始对太空感兴趣。大家在观看这部电影的时候，发现电影中经常会出现什么声音都没有的画面，而且一般都是主人公在太空中漂流的时候。一开始，还有人以为这是电影的故意设定，其实，这是电影在充分写实。写实什么呢？就是声音在太空中是不能传播的。也就是说，太空中是没有声音的。我们可以做个实验证明一下。

找两个铁筒，然后用胶塞塞紧筒口，使铁筒不漏气就可以了。然后，在每个胶塞的下面系一个小铃铛，小铃铛放入铁筒内。摇动铁筒，你会听到这两个铁筒中都发出了悦耳的铃铛声。这时，你可以取下其中一个铁筒的胶塞，向筒中注入少量的水，并把铁筒放在支架上加热，使筒中的水完全沸腾。等大部分的空气排出铁筒后，迅速地塞紧胶塞，再把铁筒放入冷水中冷却。做完这些后，你再摇动铁筒，就完全听不到铃声了。但是，当你摇动另一个铁筒时，却仍然听得到铃声。

这个游戏充分证明了在太空中，也就是真空中，我们是听不到声音的。请问这是怎么一回事呢？

在这个游戏中，有水的铁筒中听不到声音，这是因为当它被加热后，里面的空气被排了出来。而后，又把密闭的铁筒放入冷水中冷却，这样，铁筒里就形成了真空，因此，再摇动铁筒就听不到铃声了。

这说明声音能在空气中传播，而在真空中是不能传播的。这是因为声音是一种机械波，机械波的传播是需要介质的，比如空气、水等。而真空中没有介质，声音无法传播，自然也就没有声音的存在了。太空中没有空气，是真空状态，就不能传播声音，也就不存在声音了。

水球魔音

如果在气球内灌满水，气球就能做一个传音者了，它能清晰地给你传音，听起来好像水球自己在发出奇怪的声音一样。这是一个非常好玩的游戏，你要来试一试吗？

准备两只气球、适量的水和两根细线。然后，先把一只气球吹满气，用细线把口扎好。接着，将第二只气球的吹嘴套进水龙头中，慢慢地注入自来水。当这只气球的大小跟第一只气球差不多时，就可以停止注水了，同样是用细线将口扎好。然后，将这两只气球都放在桌子上，用手指弹叩桌面，并用耳朵贴着两只气球，仔细倾听手指弹叩桌面的声音，并比较不同。你会发现，盛水的那只气球能够传出比较清晰的声音，而充气的那只气球则没有多大声音。你知道这是为什么吗？

要知道，声音之所以能传到我们的耳朵中，就是因为我们周围的空气受到了声波的振动。不过，有一只气球中虽然装满了空气，但是与装满水的气球相比，空气中含有更多微细的分子，这些分子和分子之间又相隔着一定的距离，所以声音的传播效果没有那么好。而水分子之间相隔的距离则要小得多，因此，它们传送声波的振动就容易得多。因此，水球听到的声音也更加清晰。

模拟人耳听到声音

人耳到底是怎么听到声音的呢？这与前文中提到的用骨骼听到的声音有什么不一样的地方呢？我们这就来做个实验，模拟一下人耳听到声音的过程，让你充分了解声音。

既然要模拟人耳听声音，那么，我们首先应该制作一个模拟人的听觉过程演示器。需要准备的器材有：装酒的纸盒一个、50cm×30cm×20cm 的纸箱一个、橡皮膜两块、透明胶带一卷、细绳、平面镜 2 块（其中小的一块平面镜面积约为 2～4 平方厘米，而且较薄，可以用反射性能好的包装纸）、胶水、手电筒（或聚光灯）、支架一副、20 厘米的木棒一根。

制作方法如下：（1）将装酒的纸盒截取成 5～8 厘米的两段，然后将每段的一端都用胶水和橡皮膜进行密封。

（2）在 50cm×30cm×20cm 的纸箱上较长的两端，也就是靠近底部的前方，对应地开两个和装酒的纸盒截面相同大小的方孔。然后，把上面两个粘了橡皮膜的装酒的纸盒放入纸箱的两孔中，记住开口向外，橡皮膜向内，外部与纸箱的外面平齐，内部用胶水固定住纸盒。

（3）用针在两个橡皮膜的中间穿上两条细线，并一起拉紧将其固定，正中用一根细棒将两条细线分开，然后用胶水将反射性能好的 2～4 平方厘米大小的包装纸固定在细棒和细线上，让反射面向着正上方。

（4）在纸箱的外面用厚纸做成人耳形，用胶水固定在纸箱上（如下图所示）。

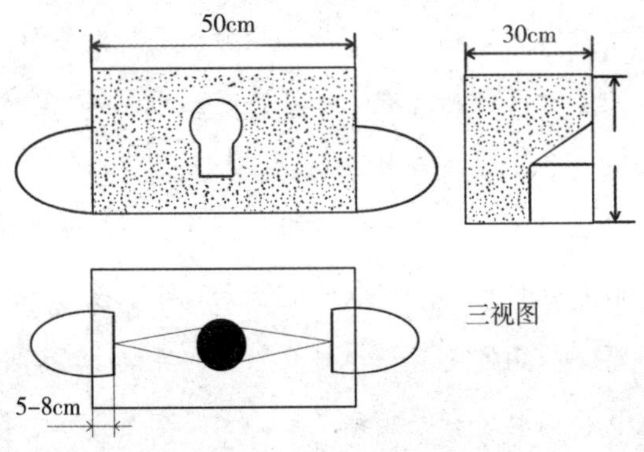

做好人耳模拟器之后，就应该来试验下人耳听声音的过程了。我们可以用一个支架将手电筒（或聚光灯）固定住，让它们发的光正好以一定的倾角射向反射面上，让反射光投射进纸箱的内表面。然后，用电铃（或其他的发声体）在纸箱外面的不同位置发声，观察纸箱内的光斑的振动情况。接着，依然像刚才那样，用木棒将发声体和纸盒都接触一下，再次观察光斑的振动情况。

根据你从这个实验中看到的光斑的振动情况，来总结一下人耳是如何听到声音的。

答案

在这个实验中，电铃发声模拟的就是通过空气的传播进入人耳时的声音，而用木棒将发生体和纸盒接触模拟的则是人体的骨骼在听到声音后的情况。

这两种都是声音进入人耳的方式，也就是说，声音是通过空气和人体两个方面一起进入耳朵中，并被大脑感知出来的。

我们看耳朵的结构，可以将其分为外耳、中耳和内耳三个部分。其中，外耳包括耳郭、外耳声道，而耳郭就像个喇叭一样，可以把周围的声音集中到外耳声道中，然后再传到鼓膜，激发鼓膜的振动。中耳中有三块听骨，这三块骨头连接鼓膜和耳蜗，并起到杠杆作用，可以使鼓膜上的微小振动放大10～18倍传入内耳中。内耳中有一个接收器，即耳蜗。耳蜗中充满了透明的液体，同时还有一簇细纤毛，上面有大量感觉灵敏的毛细胞，并与脑神经细胞相连。

人耳能听到声音则需要以下的过程：当周围声音的声波通过外耳道进入人耳后，先引起了鼓膜的振动，鼓膜带动了听小骨振动，并把振动传给了耳蜗。耳蜗中的神经末梢通过听觉神经把声音信息传给大脑，人就能感知到声音。

杯子瓶子的交响乐

音乐会可不是非得有大提琴、小号等乐器才能演奏得出来。现在给你几个杯子、瓶子，你依然能开一场别开生面的音乐会！不相信？那大家就来做个实验。

找来三个空的大可乐瓶和三个空玻璃杯就可以了。啊，差点儿忘了，还要有一双筷子做指挥棒。然后，向三个可乐瓶中分别注入高、中、低三档不同水位的水，然后对着瓶口吹一口气。你会发现，因为水位的不同，吹出去的这口气发出的声音高低也是不一样的，一般是水越多，发出的声音越高。

同样地，向三个杯子里也倒入高、中、低三档不同水位的水，然后用筷子敲击杯口，你会听到有不同高低的声音。但是，奇怪的是，杯子里的水越多，发出的声音却越低。

当你一边往可乐瓶中吹气，一边敲击玻璃瓶的时候，你就会听到高高低低不同的声音了，就像一场音乐会中出现的各种不一样的声音一样，各具特色。可是，为什么同样是高、中、低三档水位，却因为盛水的容器不同，发出的声音效果也不一样呢？

答案

在实验中，因为容器的不同，让它发出声音的方式不同，所以产生的音调的高低也不同。

这是因为当你往大可乐瓶中吹气的时候，你听到的声音其实是由于水面上方的空气产生的共鸣引起的。所以，当瓶中的空气空间大时（即水位低时），就会产生低音共鸣；当空气占的空间比较小时，就会产生高音共鸣。因此，水越多发出的声音也就越高。

但是，当你用筷子敲击玻璃杯口时，你听到的声音是由于杯子整体振动产生的声音和杯子里的空气产生了共鸣。当杯子里的水较多时，杯子的整体振动就比较慢，因此音调也就比较低；而当杯子里的水比较少时，振动的速度加快了，音调自然就提高了。因此，玻璃容器中的水越多，声音就越低。

Part 8

神奇的化学：物质之间的变化无常

当有人说一个生土豆好吃的时候，你肯定会觉得这个人脑子有问题。有点常识的人都知道，生土豆怎么会好吃呢？可要是问你熟了的土豆好不好吃的时候，这能说的可就多了。要知道，薯条、薯片、土豆泥等美味的食物可都是不好吃的生土豆制作出来的啊！那么，生土豆不好吃，经过加工后的土豆为什么会那么好吃呢？这就是化学的奥秘。

其实，从人类开始用火，到现如今人们所享受的一切人造物质的生活，都是因为化学的神奇魔力起的作用。这是因为世界是由物质组成的，而化学能够帮助人们认识和改造物质，甚至创造出新的物质，来服务我们的生活。所以，研究一下神奇的化学，看看物质之间是如何进行无常的变化的是非常有趣的事情。

制作钟乳石和石笋

叮叮在国庆期间和爸爸妈妈一起去广西桂林游玩。在那里，他们不仅游览了有着“桂林山水甲天下”美称的桂林山水，还去游览了有着“第一洞天”之称的七星岩洞。在洞里，叮叮看到了很多在其他山洞中不曾见过的美景：古榕迎宾、边寨风光、石林幽境、孔雀开屏……更为神奇的是，洞内的处处景致都是由钟乳石、石笋、石柱等石头构成的，却形成了一幅幅变幻莫测、玄妙无穷的绚丽画卷。

好奇的叮叮在观赏美景之余，还不忘问爸爸问题：“爸爸，七星岩洞里的石头为什么与其他的石头长得不一样呢？你看它们一个个长在地上或挂在洞顶，都尖尖的，这是怎么回事呀？”

爸爸就将钟乳石和石笋的形成过程说了一遍，但是叮叮还是不太明白，爸爸便说：“别着急。等我们回家了，我带你一起做个小实验，教你怎么制造钟乳石和石笋。”

到了七天长假最后那天，叮叮和爸爸妈妈一起回到了家。放下行李，也顾不得休息，叮叮就拉着爸爸去做实验了。

在爸爸的指导下，叮叮找来了妈妈做饭用的苏打、几个玻璃瓶、毛线、一个小碟子以及一些热水。然后，叮叮看着爸爸将热水慢慢地倒进玻璃瓶内，一边加入苏打粉一边搅拌，直到苏打粉不能再溶解为止。爸爸告诉叮叮，这个时候，因为瓶子内的溶液已经无法再溶解更多的苏打了，所以剩余的苏打都沉到了瓶底，这瓶溶液就叫饱和溶液。

准备好后，爸爸就把两个盛有饱和溶液的玻璃瓶放到了一个温暖的地方，在两个玻璃瓶之间放了一个小碟子，同时把几根毛线的两端分别放到两个玻璃瓶里，中间则悬垂在小碟子上。渐渐地，叮叮就看到苏打溶液顺着毛线渗透下来，然后汇合在中间的部分，溶液滴到碟子里。

做完这一切后，爸爸就让叮叮仔细观察接下来的变化。过了几天后，叮叮神奇地发现毛线上和小碟子里形成了微小的固体，形状和他在七星岩洞中看到的石头形状特别类似。爸爸说："这就是钟乳石和石笋的雏形了。"

亲爱的读者朋友们，看完这个实验，你知道钟乳石和石笋是怎么形成的吗？

先说叮叮的爸爸做的那个小实验。毛线上和小碟子内之所以会有钟乳石和石笋，是因为苏打水形成的溶液从毛线上滴下来的时候，水分被慢慢蒸发了，苏打颗粒便留下来形成了硬的沉淀物。假如两个瓶子多放几天，就会发现沉淀物最终会在中间聚集起来，形成石柱。

溶洞中的钟乳石和石笋也都是这样形成的。广西、云南等地的岩石中含有碳酸钙，当雨水从溶洞的洞顶和墙壁上慢慢滴下来的时候，由于水中含有二氧化碳，所以会与石头（主要成份是碳酸钙）发生反应，生成溶解性较大的碳酸氢钙。溶有碳酸氢钙的水遇热或当压强突然变小时，溶解在水里的碳酸氢钙就会分解，重新生成碳酸钙沉积下来，经过漫长的积累于是就形成了钟乳石和石笋。

如何让指纹再现

我们看一些刑侦类的影视剧的时候，发现警察在办案时必须要做的一个工作就是采集指纹。但是，警察一般都利用高科技精密仪器来采集指纹，这样能采集到更加清晰的指纹，协助破案。但是，你知道吗？在我们现实生活中，也可以用一些比较简单的生活物品来让指纹重现哟！

在做实验之前，请先把手洗干净。接着，取一张干净的、光滑的白纸，将它剪成长约 4 厘米、宽不超过试管直径的纸条。接着，用手指在纸条上用力摁几个手指印，并暗暗记住你在白纸上留下手指印的部位。然后，准备一些碘酒，将其倒入试管（没有试管的话，找一个小玻璃杯也可以）中，把装有碘酒的试管在酒精灯火焰上方稍微加热一下。同时，把纸条悬于试管中。注意，摁有手印的一面千万不要贴在管壁上！等到试管中产生了紫色的碘蒸气后，立即停止加热，并观察纸条上的指纹印迹如何。没过一会儿，你就会看到原本摁在纸上的往常无法看见的指印却渐渐地显示了出来。到最后，一般会得到几个十分明显的棕色指纹。

那你知道你是如何让不可见的指纹显现出原形的吗？

答案

在解答这个问题之前，首先来说一下人为什么会在东西上留下自己的指纹。这是因为每个人的手指上总会分泌一些油脂、矿物油和汗水，就算你洗得再干净，也会有这些东西分泌出来。所以，当你用手指往纸上按的时候，指纹上的油脂、矿物油和汗水便留在了纸面上，只不过这些东西都是没有颜色的，所以人的眼睛是看不出来的。因此，与其说让指纹显形，不如说是让这些油脂显形。

之所以将隐藏有指纹的纸放在盛有碘酒的试管口上方，是因为碘酒在受热后会加速酒精的挥发，里面的碘就开始升华，变成了紫红色的蒸气。而纸上指印中的油脂、矿物油等东西都是有机溶剂，遇到上升的碘蒸气后会与它结合，让这些油类形成实体。所以，我们才能看到那些指纹。

看不见的信

卫斯理和明月位于两个不同的城市，他们之所以能够成为朋友，是因为他们因信结缘。两个人都喜欢《小发明》这家报纸，都经常给报纸写信。后来，二人在报纸上的交友栏目中相识，就开始了长达两年多的笔友生活。

在这两年中，卫斯理和明月一有什么不懂的问题，或者是创新电子、小发明之类的，都会写信告诉对方。这不，明月又刚收到了卫斯理的一封信，这次卫斯理又有什么新发明呢？

当明月满心欢喜地打开信封后，发现里面只有薄薄的一张信纸，但是奇怪的是，信纸上一片空白，什么字都没有！明月知道，卫斯理是不可能无缘无故地寄一封空白的信的，那么，秘密很有可能就在这封空白的信纸上。你有什么好的办法吗？

这封信显然是一封特殊方法写成的密信，明月需要从信纸的细节和痕迹上发现问题，知道卫斯理是使用了何种方式写的这封信，她才能知道用什么方法破解这封信。我们就来说一下

“密信”的几种写作方法。

首先，从信纸的痕迹来看。有一种密信虽然什么字都没有，但是上面却有字的印迹，所以，你可以找一根铅笔，顺着纸上的痕迹刷一遍，字迹就会清楚地显现出来了。

其次，从笔的种类来看。如果是使用圆珠笔写的字。在写密信时，你可以先把一张纸放在水里浸湿，然后把另一张纸放在湿纸的上面，再用圆珠笔在干纸上写上你要传达的密信的内容。这时，写的字就会印到下面的湿纸上。等到湿纸干了以后，字就消失了。要想看到这封信，你就需要把这张写有秘密信息的纸浸到水中，你会发现纸上的字迹又可以看到了。这是因为用圆珠笔写字时一般比较用力，因而就压缩了湿纸的纤维。当浸湿过的纸干燥后，写过字的地方变得平整了，所以人是看不到字的。但是，被压缩的纤维并没有复原，所以，只需要把纸浸湿，写过字的地方被压缩的纤维复原，显现出被压缩的痕迹，字迹就又显示出来了。

如果是用钢笔写信的话，可以用钢笔蘸着柠檬汁、牛奶去写。在写的时候，你可以在纸的左侧放一盏灯，从右侧看你写的字，会感到好写一些。等墨水干了，字迹就消失了。读信时，只要把那张纸拿到蜡烛火焰上烘一下，就能看到你写的字了。这是因为在加热时，墨水中的某些无色物质与空气里氧气反应，生成了深褐色的新物质，所以自己就显现了出来。

水的净化剂

有时候打开水龙头，你会发现出来的自来水非常浑浊。这是不是让你很头疼，不知道该如何是好？没关系，这个时候，我们就可以请明矾来帮个忙。要知道，它可是极佳的净化剂呢！

使用明矾来净水的方法很简单，只需要把明矾碾成粉末，放到你接好的水盆中搅拌几下。过一些时候，你就会发现，原来浑浊不清的水，已经变得十分清澈透明了。那么，你知道明矾为什么能作水的净化剂吗？

在解答这个问题之前，先来了解一下水为什么会变得浑浊不清。这主要是因为水中有许多泥沙等污物在游荡。那些颗粒比较大的泥沙，一般都沉淀了下来，所以留下来的就是颗粒很小、不怎么能用肉眼看见的杂质。这个时候就需要使用明矾了。

明矾是一种水溶性呈酸性的物质，由硫酸钾和硫酸铝混合组成。当明矾融水后，它可以电离出两种金属离子，而其中的一种铝金属离子可以生成氢氧化铝胶体。胶体粒子有一个奇怪的爱好，它时常喜欢从水中吸附某一种离子来到自己的身边，或者是自己电离出一些离子，使自己变成一个带电荷的粒子。这种氢氧化铝就是一种胶体粒子，带有正电荷，吸附能力很强。它一碰上带负电荷的泥沙胶粒，彼此就中和了。失去了电荷的胶粒，很快就会凝结在一起，粒子越结越大，终于沉入水底。这样一来水就变得清澈干净了。

不过，要注意的是，由于明矾中含有的铝对人体有害，长期饮用明矾净化的水可能会引起老年性痴呆症，所以，现在已经很少有人还使用明矾作净水剂了。

失踪的头发丝

因为欢欢很喜欢白色的运动鞋，所以妈妈给她买了漂白剂，让她刷鞋子用。

有一次，欢欢刚洗完头，看见了自己的脏鞋子，于是又拿出漂白剂，计划将鞋子漂白一下。在漂白的过程中，欢欢不小心沾了一点到头发上，她就发现头发变白了。欢欢看到后，心想：这样我岂不是可以让头发消失？

想到就去做，欢欢立即找来了一个空的、干净的饮料瓶，在里面放入了20根左右的头发丝（梳头发、洗头发掉下来的即可，不用刻意去拔），再倒入1/4左右的漂白剂。用木棒摁住头发丝，让头发丝完全浸在漂白剂中，放置30分钟左右。欢欢去观察饮料瓶，就看到瓶子里的漂白剂表面产生了泡沫，同时头发丝上也可以看到很多小泡泡，而且还有一些头发丝已经被溶化了。等再过一段时间她去看的时候，瓶子里的头发丝没有了，消失不见了。

为什么沾一点儿漂白剂到头发上会让头发变白，而用漂白剂浸泡则会让头发消失呢？

原来，漂白剂是一种碱性的物质，而人的头发是酸性的。当酸碱相遇的时候，它们就发生了化学反应，即“中和反应”。中和反应在我们日常生活中被广泛利用。比如说，被蜜蜂蜇了时，可以涂一些氨水。这是因为蜂针中的刺激性物质是酸性的，所以为防止皮肤红肿而涂上碱性的氨水来进行中和。

自制纸张

现如今，纸是我们生活中最常见的物品之一了，可以用来写字、擦东西，非常有利于人们的生活。但是，纸张浪费也成了比较严重的一个问题。所以，国家才提倡保护环境、节约用纸。那么，为了更好地贯彻节约用纸的理念，我们可以将平常不用的废纸收集起来，自制纸张，这样一来，既能废物利用，还节省了钱财，一举两得。

不过，要怎么自制纸张呢？很简单，你先找来一把剪刀、铝箔、一支铅笔、旧报纸、一个带有盖子的大广口瓶、热水、一把木头勺子、一个烘烤用的金属盘子和三勺玉米淀粉。然后，你将那些铝箔剪成三块边长为 15 厘米的铝箔方片，并用铅笔尖在铝箔方片上以 1 厘米为间距地戳几列小孔。

做好后，你再把报纸剪成或撕成碎片，大概需要半瓶子的碎纸片。将这些碎纸片放进广口瓶中，再往瓶子里面倒大约 3/4 的热水，盖上瓶盖，然后把这瓶纸和水的混合物放置 3 个小时左右。

等到瓶里的纸糊已经变得黏稠后，把它倒进一个金属盘子里；同时，找一些玉米淀粉，溶解在一小杯热水中，再把溶液倒进纸糊中，将这些东西都搅拌均匀。

做好后，来到室外，将一块铝箔方片浸入纸糊中，直到铝箔被完全浸没后，再从纸糊中取出铝箔，把它平放在一块平板或者洗干净了的桌面上；将粘在铝箔上的纸糊压平，挤出纸糊里的水；而后，把报纸铺在一个阳光充足的地方，把带有纸糊的铝箔放在报纸上；继续挤压铝箔上的纸糊，挤出里面的水，等待阳光将铝箔上的纸糊晒干。

大约3个小时后，你就可以把晒干了的纸从铝箔上取下来了。然后，你把纸剪成规则的形状，就可以用水彩笔或者蜡笔在上面画画了。

看了上述步骤，有没有觉得自制纸张很简单呢？那么，你知道我们为什么可以自己制作纸张吗？

这主要和纸张的材料有关。纸是由含有纤维素的原材料，如木头、稻草、亚麻、大麻、棉花等制成的。而纤维素是一种植物性碳水化合物，由大量相互连接着的糖分子构成具有较强的粘连性和延展性。在生产纸张的过程中，人们先用像碎木块这样的原材料制造出一种由水和纤维构成的黏稠混合物——纸浆，然后把一层层薄纸浆铺在滤网上，晾干。最后，将干纸浆压成一张张的纸。

惹人哭泣的洋葱

很多人在剥洋葱的时候很容易泪流满面，想必也有很多人因此而大声抱怨过。此外，一些比较敏感的人，在处理类似于韭菜、葱之类的具有刺激性的蔬菜时，也会有这样不愉快的经历。所以，报纸上、网络上曾有大篇幅的文章、小窍门教大家怎么剥洋葱。

比如说，在剥洋葱的时候，不要把鼻子凑得太近，最好伸长手臂，把洋葱放在离身体尽量远的位置；或者是在剥洋葱之前把它在冷水里浸一下，并且剥的时候也时不时在冷水里过一过，这样有助于降低洋葱汁液的刺激性；甚至有人说，在剥洋葱的时候，不用鼻子呼吸，而是用嘴巴来呼吸，这样就可以防止被洋葱刺激到了……

关于剥洋葱的方法有多种多样，有的管用，有的不管用。但是，不论怎么剥，都说明了洋葱这类蔬菜的刺激性是非常强大的。那么，洋葱等东西为什么会有这么大的刺激性呢？

答案

这是因为洋葱、韭菜与大蒜中都含有一种含硫的氨基酸成分，当我们在用刀切这些东西的时候，这些氨基酸成分就会被一种酶给分解掉，形成一种含硫的氧化物。这种氧化物具有刺激性，而且容易挥发。不过，这种氧化物遇到水时，就会分解成丙醇、硫酸以及硫化氢。我们之所以流眼泪就是因为如此，同时也为了稀释这些刺激性的物质来保护眼睛。在我们湿润的鼻腔中存在着液体，我们的鼻子也会觉得刺鼻、发酸、流鼻涕。而我们的嘴中液体比较少，所以用嘴来呼吸的话，这种刺鼻的感觉就会减弱很多。

"黑化"的白糖

白糖是白色的小颗粒或粉末状，犹如白雪一般洁白无瑕。但是，你相信吗？只需要一步，你就能让它化身为"黑糖"，仿佛被黑化了一样。如果你不信，那就请看下面的实验吧。

在一个体积稍大的玻璃杯（或烧杯）中投入5克左右的白糖，并滴入几滴经过加热的浓硫酸。注意，在滴浓硫酸的时候一定要小心，以防伤害到自己和他人。顿时，你就看到，雪白的白糖就变成了一堆蓬松的"黑雪"，还"嗤嗤"地发热、冒气；而且，"黑雪"的体积在不断增大，甚至溢出了烧杯。

虽然这个实验很有意思，可是你知道白糖“黑化”的奥妙在什么地方吗?

原来白糖和浓硫酸混合到一起后，会发生一种叫做“脱水”的化学反应。这是因为浓硫酸的挥发性特别强，与水结合的欲望特别强烈，它能充分结合空气中的水分，或者是其他物质中的水分。白糖是一种碳水化合物，是蔗糖的一种（$C_{12}H_{22}O_{11}$），当它遇到浓硫酸时，白糖分子中的水立刻被浓硫酸夺走了，所以，少了水分的白糖就只剩下碳（C）了，才变成了黑色。

之所以会发热，是因为浓硫酸夺水的“战斗”是个放热过程，所以发出“嗤嗤”的响声，并为浓硫酸继续氧化碳的过程提供热量。之所以会冒气，则是因为浓硫酸夺过水之后并不满足，它又开始氧化白糖中剩下的碳，所以生成了二氧化碳气体跑出来。也正是因为发生反应后所生成的二氧化碳和二氧化硫气体的跑出，才导致这些白糖变得蓬松，体积越来越大，最后变成蓬松的“黑雪”。

自制焦糖块

很多人吃过焦糖，因为它是一种天然的食物着色剂。虽然焦糖很常见，依然有很多人不了解它，认为它就是由糖烤焦后形成的。事实真的是这样吗？我们来做个实验看一看。

准备三汤匙糖、一个平底锅、一到两茶匙的黄油、烘烤用的纸张、一把烹饪木勺和适量的水。然后，把准备好的糖和黄油放进平底锅内，加入适量的水，一边搅拌，一边用微火加热。注意，不要把锅子里的东西煮糊，否则做出来的焦糖会变味。等到黄油和糖熔化成一团黄色糊状体后，把它们倒在铺好的烘焙纸上。几分钟后，你就发现，这团糊状物变硬了。这时，你可以把它们切成小糖块，还可以尝一下味道。这就是我们所说的焦糖了。不过，你知道糖是如何变成焦糖的吗？

在这个实验中，糖之所以成为焦糖，是因为它们发生了化学反应。

糖、黄油和水本身都是一种化合物，我们可以通过化学方法对它们进行分解。当糖、黄油和水一起加热的时候，水就会分解成氢元素和氧元素，而糖和黄油则是由碳元素、氧元素和氢元素以一定的比例和一定的形式构成的。在受热后，这些化合物在一起就发生了褐变反应，就生成了一种新的化合物，即焦糖。

翩翩起舞的小木炭

亲爱的读者朋友们，现在给你一根黑木炭，你是不是觉得这根黑木炭没有什么神奇的地方呢？如果告诉你黑木炭能跳舞，你相信吗？下面，我们就自己动手做一个有趣的小实验，这个实验的题目叫“小木炭跳舞”。

取一支试管，在里面装入3～4克的固体硝酸钾，然后用铁夹将其直立地固定在铁架上，并用酒精灯加热试管；当固体硝酸钾逐渐熔化后，取出一块黄豆粒般大小的黑木炭，将其投入试管中，并继续加热；没过一会儿，你就会看到小木炭块儿在试管中的液面上突然跳跃了起来，一会儿上下跳动，一会儿自身翻转，好像一个舞蹈演员在跳舞一样，并且还发出灼热的红光，好看极了！

大家在欣赏完小木炭优美的舞姿后，就来说一说小木炭为什么能跳舞吧。

当我们刚把小木炭放入试管中时，由于试管中的硝酸钾的温度较低，还没能使木炭燃烧起来，所以小木炭就静止地躺着；当对试管继续加热后，由于温度上升，导致小木炭达到了燃点，与硝酸钾发生激烈的化学反应，并放出大量的热量，所以小木炭就立刻燃烧并发光了。

因为硝酸钾在高温下会分解，然后放出氧气，而这个氧气会与小木炭中的炭发生氧化反应，生成二氧化碳气体，所以，在二氧化碳气体的作用下，小木炭一下子就被顶了起来。木炭跳起之后，就和下面的硝酸钾液体脱离了接触，化学反应就中断了，二氧化碳气体也就不再发生。但是，当小木炭由于受到重力的作用落回到硝酸钾上面时，又发生了反应，所以小木炭就接着跳起来。这样循环往复之后，我们就欣赏到了小木炭不停地上下跳跃的情景。

水下公园奇景

齐齐和妈妈在周末一起去公园玩。看到很多人围在一起观赏什么，齐齐就燃起了好奇心，拉着妈妈钻进人群。齐齐看见一个表演者在一个盛满无色透明水溶液的大玻璃缸中投入了几颗冰糖块大小的不同颜色的小块儿，而后，这个人说了一声“奇迹的时刻来临了”，结果，话刚说完，齐齐就看见玻璃缸中竟然出现了各种各样的枝条！这些枝条纵横交错地伸长着，而且，枝条上的绿色的叶子也越来越茂盛，甚至还有很多鲜艳夺目的花儿在竞相开放！这实在是太神奇了！

没过一会儿，齐齐就看到了一座枝繁叶茂、五光十色的水下花园。齐齐和围观的群众纷纷喝彩，掌声四起。妈妈看到齐齐这么喜欢这座水下花园，就跟齐齐说回家也给齐齐做一个。妈妈解释了这座水下花园的成因。齐齐听后，感叹道：“化学真是伟大又神奇啊！”

亲爱的读者朋友们，你们知道建造这座水下公园的秘密吗？

很多人都认为玻璃缸中盛的那种无色透明的液体是水，其实不然，那是一种叫做硅酸钠的水溶液（人们称为水玻璃）。而表演者投入玻璃缸中的各种颜色的小块儿，则是几种能溶解于水的有色盐类的小晶体，它们分别是氯化亚钴、硫酸铜、硫酸铁、硫酸亚铁、硫酸锌、硫酸镍等物质。这些小晶体能与硅酸钠发生化学反应，生成紫色的硅酸亚钴、蓝色的硅酸铜、红棕色的硅酸铁、淡绿色的硅酸亚铁、深绿色的硅酸镍、白色的硅酸锌。

当表演者把这些小晶体投入到玻璃缸里后，它们的表面立刻生成一层不溶解于水的硅酸盐薄膜，这层带色的薄膜覆盖在晶体的表面上。然而，这层薄膜有个非常奇特的脾气，它只允许水分子通过，而其他的物质分子则被拒之门外。当水分子进入这种薄膜之后，小晶体即被水溶解，在薄膜中生成了浓度很高的盐溶液，由此产生了很高的压力，使薄膜鼓起、破裂，而膜内的带有颜色的盐溶液就流了出来。而后，又会生成新的薄膜，水又向膜内渗透，薄膜又重新鼓起、破裂……如此循环下去，就形成了齐齐看到的枝叶繁茂的水下花园了。

为何牛奶可以解毒

周末的时候，爸爸妈妈有事外出了，家里只剩下鹏鹏和上幼儿园的妹妹。爸爸妈妈走之前叮嘱鹏鹏，一定要照顾好妹妹的安全。由于鹏鹏还需要写作业，于是他就让妹妹一个人在客厅玩拼图，而他则在旁边的桌子上写作业。写到中间，鹏鹏有一道题不会做，于是就去电视机旁边打电话给他的好朋友。结果鹏鹏和他的好朋友聊得特别嗨，忘记了照看妹妹。

忽然，鹏鹏听到了妹妹的哭喊声，他扭头一看，妹妹手中拿着半截温度计，另一半不知道放哪儿去了。鹏鹏赶忙放下电话，忙问妹妹发生了什么。原来，妹妹不想玩拼图了，就自己找东西玩。后来，她在储物柜中看到了温度计，就拿起它玩。可是，不知道怎么一回事，妹妹把温度计弄断了，里面的水银也被她吃了一点儿。

鹏鹏一听非常着急，要知道水银可是有毒的！于是，鹏鹏先给120打了电话，又给爸爸妈妈打了电话，等着救护车来。在等待的过程中，鹏鹏忽然想起来牛奶可以解毒，于是就拿来了两瓶牛奶，让妹妹喝了下去。等妹妹送到医院的时候，鹏鹏把他的做法告诉了医生，医生称赞他做得对。而且，因为妹妹只喝了一点点水银，所幸没有大碍。

你知道牛奶为什么能解毒吗？

其实不只是牛奶，鸡蛋与豆浆等东西也可以作为中毒病人的急救药。因为这三种东西都富含大量的蛋白质，而蛋白质有个特点，碰到重金属离子，例如汞、铅等金属离子后会发生沉淀。重金属离子进入人体后，会使构成人体的器官和血液的蛋白质发生沉淀而失去作用，造成中毒现象。所以，给中毒之人服牛奶、生鸡蛋白或豆浆后，食物中丰富的蛋白质会和重金属离子相互作用，于是就减轻了中毒的毒性。不过，这只能缓解毒性，还是需要就医的。

Part 9

聆听大自然的呐喊：与自然万物一起成长

你养过多肉植物或者是其他绿植吗？你知道土豆是不用种子和幼苗种植的，而是用根茎种植的吗？你知道太阳能都有哪些用途吗？自然万物不像我们肉眼所见的那么简单，里面蕴含着无尽的能量和许多的秘密，等着大家一起来解开谜题，更好地认识自然，与自然一起成长！

来进行一场发芽比赛吧

一天放学的时候，阿尔法的老师给他们布置了一个家庭作业，要求他们在未来一周内写一个观察日记。阿尔法很苦恼，不知道该怎么写。因为他的家里没有养过任何小动物，他不知道应该观察什么、写什么。

阿尔法将他的苦恼告诉了爸爸，爸爸却笑着说："这有什么难的。虽然我们没有办法观察动物，可是植物一样可爱，我们可以来观察植物啊。"

说完，爸爸就让阿尔法去找妈妈要来一些红花菜豆（其他豆子也可以）。阿尔法很快就拿着菜豆来了，他看到爸爸跟前的桌子上有一个装满水的碗。然后，爸爸让阿尔法将菜豆放进这个碗里，神神秘秘地说道："我们过 24 小时后再来。"阿尔法虽然很好奇，也只能慢慢等待着。

在等待的这段时间里，阿尔法也没有闲着。在爸爸的指导下，他准备了三个干净的空果酱瓶、一个装满水的喷壶、半杯水、脱脂棉（纸巾也可以）、一块擦碗布，还有一卷有弹性的透明薄膜。等到了爸爸说好的那个时间后，阿尔法就带着他准备好的这些东西，来到被浸泡了24个小时的菜豆的房间。

在这里，阿尔法听从爸爸的指挥，先是在三个果酱瓶的底部都铺了一层脱脂棉（如果没有脱脂棉，可以用纸巾代替），阿尔法用喷壶在第一个果酱瓶中洒了一些水，让脱脂棉稍微湿润了一下；第二个果酱瓶则只是铺了一层脱脂棉，让它始终保持干燥状态；到第三个果酱瓶的时候，爸爸直接把准备好的半杯水倒入瓶中，把脱脂棉完全浸没了。

接着，爸爸让阿尔法从碗里取出菜豆，把它们放在擦碗布上稍稍擦干，就将这些菜豆均匀地放到了三个果酱瓶中。放好菜豆后，爸爸用薄膜把三个果酱瓶口都封住了，并告诉阿尔法这是为了防止水分被蒸发掉。等做完了这些，爸爸就把三个果酱瓶都放在了阳光充足的窗台上，并让阿尔法留心观察菜豆这几天发生的变化。

果然，大约过了一两天，第一个果酱瓶中的红花菜豆就发芽了，而第二个和第三个果酱瓶里的菜豆则没有出现胚芽。阿尔法觉得很奇怪，就去问爸爸为什么。当爸爸解释完后，阿尔法恍然大悟，才知道小小的植物要想长大这么不容易啊！

请问，你知道这是为什么吗？

原来，几乎所有植物的种子要想发芽、生长，都需要满足热量、水和空气这三个条件才可以。在这个实验中，阿尔法准备的三个果酱瓶里的种子虽然都得到了来自太阳光的热量，但是，第二个果酱瓶里的种子缺少水分，第三个果酱瓶中的种子

缺少空气，所以才不会发芽。只有第一个果酱瓶，里面的菜豆种子有适宜的温度、充足的空气和水分，所以才会发芽。

之所以爸爸要提前让菜豆种子浸泡24个小时，是因为大多数植物的种子都相当干燥，它们的水分含量只有5%～20%。在开始萌芽之前，种子必须通过浸泡吸收足够促使胚芽生长的水分。胚芽通过分解储存在种子里的养分（碳水化合物、蛋白质、脂肪），获得生长发育的能量。所以，你在做这个实验的时候，一定注意要浸泡一下种子哟。要知道，只有在温度、水分和氧气足够充分的情况下，胚芽才能成功地分解这些养分，才能发芽啊。

种子也有休眠期吗

众所周知，种子如果满足了阳光、水分和空气这三个条件，一般都会发芽、生长。但是，这其中也有例外情况，有些种子在满足了这三个条件后也迟迟不发芽。你不相信？那就来做个实验验证一下真假吧！

首先，你需要准备好以下几种东西：旱金莲种子、一个托盘、脱脂棉、一个装满水的喷壶、一片苹果和一个透明的塑料袋。

准备好东西后，就可以开始做实验了。你先把那片苹果片放在托盘中央，在托盘和苹果片的上面铺一层脱脂棉，再用装有水的喷壶喷洒一些水在脱脂棉上。做完这些后，你需要把旱金莲种子均匀地撒在被水湿润的脱脂棉上，然后把托盘以及托盘上的东西放进一个塑料袋中。注意！不要把托盘上的东西一股脑倒在塑料袋里，而需要慢慢地将它平放进塑料袋中，包裹严密。然后，你再把塑料袋里面的东西放在一个暖和、向阳的地方。

过几天后，你会发现什么呢？没错，你看到托盘中的旱金莲种子有的发芽了，有的却没有发芽。没有发芽的旱金莲种子恰好都被撒在了苹果片上，而发芽的旱金莲种子都不在苹果片上，而是在托盘的其他位置上，一个个都慢慢地长成了一株株绿色的幼苗。那么，同样都是在一个托盘上的种子，为什么放苹果片的地方那些种子不会发芽呢？

这就是我们在实验开始提到的，种子也是有休眠期的，而且也有一些东西能够抑制种子的发芽、生长，这就是抑制剂了。

之所以会这样，是因为苹果片中含有一些会阻碍种子发芽的物质。植物学的相关研究人员在做过实验后发现，很多核果的果肉中含有抑制种子发芽的物质，会抑制种子提前发芽。只有当这部分抑制剂不再起作用时，种子才会发芽。所以，新鲜的果肉种子一般是不会发芽的，只有当果肉完全腐烂后，果肉中的抑制剂才会失去作用。这个时候，完全成熟的种子暴露在空气中，得到了充足的水分和氧气后，种子里面的胚芽就会察觉到有利的生长条件，并且开始发芽。

除了能抑制种子发芽外，还有一些种子尽管具备了有利的生长条件，比如说充足的水分、热量、光照和氧气，却依然没有发芽，就是多半进入了休眠期了。在种子的休眠期中，水分和氧气都无法渗入种皮中，而且也有可能种子里面的胚芽在这个时候还没有完全成熟，尤其当所处的地区温度较低的时候，植物经常会出现休眠的情况。这也是为什么早在夏季或者秋季就已经成熟的种子在冬季却不会发芽的原因了，只有当它们在寒冷的冬季度过休眠期后，才会在第二年的春季开始发芽。

叶子也能“洗桑拿”

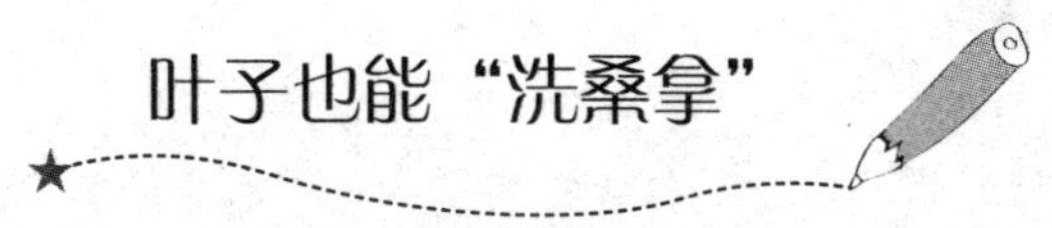

洗一个美美的澡，再拿着书本去桑拿房里蒸一下，是不是觉得浑身的毛孔都十分舒畅呢？最后出来的时候，再涂一层厚厚的身体乳，有没有觉得自己瞬间就变身为最美的小公主了呢？既然洗澡、蒸桑拿这么舒服的话，你有没有想过给植物也做一个桑拿呢？是的，我没有开玩笑，我说的就是植物！在没有做过这个实验之前，先不要说什么“植物不能做桑拿”的话，而是来亲自试验一下吧。

找来两根紫露草的枝条、一盒凡士林（其他润肤膏也可以）、两个空的小玻璃瓶（250 毫升左右）或者两个试管、自来水、食用油以及一根防水的蜡笔。准备好这些东西后，你可以先在两个玻璃瓶中装入适量的自来水，然后给其中的一根紫露草枝条上的叶子的正面涂上凡士林，给另一根枝条上的叶子的反面涂上凡士林。接着，你把这两根枝条分别插在两个玻璃瓶中，再在两个瓶里滴上几滴食用油，这可以防止水分的蒸发。做完这些后，在两个玻璃瓶的瓶身上标明水位。观察一段时间，你会观察到什么呢？

很简单，你会看到正面涂有凡士林的那根枝条所在的玻璃瓶的水位大大地下降了，而背面涂有凡士林的枝条所在的玻璃瓶的水位却没怎么下降。这就是叶子在“洗桑拿”了。那么，你知道是怎么一回事吗？

这是因为叶子、枝条和根的表面都覆盖着一层表皮，这层表皮可以防止水分的过度蒸发，保护这些“器官”不受疾病的侵害。相反，叶子反面的表皮中却有一些我们称之为气孔的小毛孔，植物正是通过这部分毛孔来吸收二氧化碳，释放出氧气和水蒸气，这个过程就叫做“蒸腾”。蒸腾作用可以产生一股吸引力，将根部吸收进来并进入导管中的水分带到植物的上端。因为水分子之间存在着强大的内聚力，所以，这股蒸腾吸力可以带着整个水柱向上运动，给植物的枝、叶、花朵送去水分和营养盐。只不过，大多数的植物会在白天打开它的气孔，当夜晚降临时，再关上这些气孔。然而在这个实验中，因为叶子的背面被涂上了凡士林，就相当于堵上了叶子背面的气孔，所以就不怎么会出现蒸腾的现象了，水分自然就蒸发得少了。

鸡蛋内的营养输送膜

大家在吃鸡蛋的时候，经常看到蛋壳和蛋清之间隔着一层很薄很薄的蛋膜。这层蛋膜虽然很薄，但是如果你用手触摸过的话，你会发现虽然膜很薄，却很有韧劲。你可不要小看这层薄膜，它可是起到了至关重要的输送作用。不相信吗？那我们就来做一个实验吧，让大家来了解一下它神奇的输送功能。

先从家里的冰箱中找来一只新鲜的生鸡蛋，再找来一根透明的吸管，就可以开始做实验了。想办法在鸡蛋的一端剥去一小块鸡蛋壳，注意，在剥的时候千万不要把蛋壳下的那层薄膜弄破了！剥下这块蛋壳后，就用针在鸡蛋的另一端扎一个小孔，然后再慢慢地把这个小孔扩大，直到能把吸管插进去为止。将吸管顺着这个小孔插入蛋内约2厘米，然后点燃一根蜡烛，让蜡油滴到管子与蛋壳的接口处，把接口全部封严实。总之，就是不让空气和水分渗进去就行了。然后，你可以把鸡蛋放到一只盛有四分之三水的玻璃杯中。记住，让插上吸管的一头朝上（密封蛋壳接口，也可防止水从这边进入蛋清）。稍等片刻，你就可以看到鸡蛋里面的蛋液慢慢上升到吸管里了。几个小时或几天后，蛋液一点一点地进入吸管里，管口就会有蛋液溢出来了。

你知道这是怎么做到的吗？

这是因为鸡蛋的另一端被开了口（也就是没进水中的那一端），杯子里的水就渗入了蛋壳中。蛋液和杯子里的水虽然看似被蛋膜隔开了，但是实际上薄薄的蛋膜上有许多微孔，这些孔能让细小的水分子通过并进入蛋中，于是，杯中的水就通过蛋膜“渗透”到鸡蛋里面去了。当水不断渗透到鸡蛋里面的时候，就把蛋液不断地往上推，逐渐推出蛋壳了。

“长眼睛”的土豆

你种植过土豆吗？如果没有的话，就来一起种植土豆吧！你会从中找到很多乐趣。

先准备一个带有盖子的鞋盒、几个硬纸板（与鞋盒等高）、一个装满泥土的平底塑料小容器和一个发了芽的土豆，再准备一些胶带。东西准备好后，你可以先把土豆放进装满泥土的塑料容器中。记住，要让土豆发芽的那面露在泥土外面，不然土豆就无法生长了。然后，你把装有土豆的塑料容器放在鞋盒里的一个角落里，然后再用硬纸板把鞋盒里面的空间随意隔开，搭建成一个“迷宫”的样子。最后，在距离塑料容器最远的鞋盒壁上钻一个直径大约为 3 厘米的洞。弄好后，你就可以盖上盒盖，将鞋盒放在一个阳光充足的地方了。看看接下来鞋盒中的土豆会有什么变化。

你会看到，几天后白色的土豆芽就蜿蜒地穿过了“迷宫”，从离它最远的那个洞口钻了出来；而且，在阳光的照射下，土豆芽也变成了绿色，长出了嫩叶子。你还可以召集你的小伙伴们来一场“土豆迷宫竞赛”，比比看谁的土豆最先钻出洞口，相信这是一件非常有趣的事情。不过，鞋盒上的那个洞口距离土豆芽那么远，而且还被各个纸板隔绝了方向，为什么土豆还是会从洞口冒出来呢？难道它“长眼睛”了吗？

之所以会这样，是因为所有植物的幼芽总是向着光源生长的。因为只有在阳光的照射下，植物才能形成叶绿素和其他色素，通过光合作用获得生长发育所必需的养分。植物的生命力非常顽强。就像鞋盒中的土豆，虽然鞋盒盖上了盖子，而且也被纸板隔绝了出路，但是，当阳光从那个洞口泄漏进去的时候，还是被土豆敏锐地察觉到了，所以它的嫩芽才会向阳而生，冲出“迷宫”，顽强生长。

取之不尽的太阳能

太阳能作为新能源的一种，有着很大的优势：一是它取之不尽、用之不竭；二是它没有污染，属于清洁能源。现在，我们可以先制作一个简易的太阳能热水器，来看看太阳能是如何获取，又是怎么使用的。

你需要准备好铝箔纸、塑料软管、玻璃瓶等东西。然后，将那一段软塑料长管从中间部分对折。从对折处开始卷，直到软管剩余40多厘米的长度时，就用橡皮筋将卷好的软管部分套住，并固定好，不过不要太紧了。这时，找一个广口的玻璃瓶，将扎好的软管塞进玻璃瓶中，那留出的40多厘米的软管可以放在瓶外。然后，将玻璃瓶放在铝箔纸的中间，也就是说用铝箔纸将玻璃瓶裹起来，收拢铝箔纸包围住玻璃瓶口，将其固定住，防止大量的空气进入瓶中。

做好这些后，将包好的装置放在不锈钢的盘子中，然后将这一整套玻璃瓶设备放在室外阳光充足的地方，让阳光照射一段时间。你会发现，时间越长，这个自制太阳热水器的效果就越明显。

这个时候，你找个塑料瓶装满冷水，然后再找一根软管，将其一端插在塑料瓶中，一端连接在外面。你拿起垂在瓶子外面的软管，用口吸一下管口，再悬垂放下管子，你就看到瓶中的水通过装置流出来了。如果你用手触摸一下，就会发现流出来的水要比原先的温度高了。

你看，既不用烧炭，也不用费电，就把水烧热了，这可不就是天然无公害的能源吗？不过，虽然你能自制太阳能热水器了，那你能说说自制太阳能热水器的原理吗？

其实，我们所制作的太阳能热水器和真正的太阳能板的原理是类似的。因为太阳光的照射，包装好的瓶中会产生热气；而瓶外面被包围的那层铝箔纸则会挡住一部分外逃的热量，使

得瓶中的温度变高。所以，当冷水从管子中流出来的时候，就会被装置中的高气温加热，流出另一端时，温度就会比较高了。

剥蛋壳的秘诀

煮鸡蛋、茶鸡蛋大家都经常吃，那么，大家知道剥蛋壳有什么秘诀吗？或许有人会说，剥蛋壳又不难，还要什么秘诀，直接剥不就行了？你要是真这么说的话，那就说明你没有剥过鸡蛋壳。不信的话，我们可以做一个实验。

你先拿一个生鸡蛋，放在水中煮熟。煮熟后，你就可以剥蛋壳了。在剥的过程中，你是不是觉得煮熟的鸡蛋特别烫手不说，还特别难剥呢？因为你发现这个时候你剥出来的鸡蛋壳经常会连带着蛋白一起剥下来。等你整个鸡蛋都剥完了，就发现鸡蛋被剥得坑坑洼洼的，还损失了很多鸡蛋白。

这个时候，你再用水煮一个鸡蛋。等鸡蛋煮熟后，先不要急着剥，而是将它放在冷水中浸泡一会儿，然后再剥。等你感觉鸡蛋的外壳摸得比较凉的时候，你再剥，就会发现蛋壳很容易就被剥下来了。

这就是剥蛋壳的秘诀了。不过，你知道其中的原因是什么吗？生活中还有类似的例子吗？

出现上述现象跟热胀冷缩有关。不同的物质在受热或冷却的时候，伸缩的速度和幅度会各不相同。

鸡蛋是由硬的蛋壳和软的蛋白、蛋黄组成的，因为组成它们的成分不同，所以它们的伸缩情况是不一样的。当你把滚烫的鸡蛋立即浸入冷水中后，蛋壳由于温度降低了，很快会收缩，而蛋白仍然是原来的温度，还没有收缩，这时随着蛋壳的收缩就有一小部分蛋白被蛋壳挤压到鸡蛋的空白处了。然后，蛋白又因为温度降低而逐渐收缩，而这时蛋壳的收缩已经很缓慢了，这样就使蛋白与蛋壳脱离开来。因此，剥起来就不会连壳带肉一起下来了。

由此可见，凡是需要经受较大温度变化的东西，如果它们是用两种不同的材料合在一起做的，那么，在选择材料的时候，就必须考虑它们的热膨胀性质，两者越接近越好，否则做出来的东西就不安全。比如说我们在盖房子的时候，房屋和桥梁一般都会广泛采用钢筋混凝土，就是因为钢材和混凝土的膨胀程度几乎完全一样。如此一来，即使春夏秋冬的温度不同，也不会产生有害的作用力，所以用钢筋混凝土建造的建筑物就十分坚固。

呵气暖，吹气冷

伸出自己的双手，朝着手上吹一口气，你会发现什么呢？如果你再哈一口气，你又会发现什么呢？你会发现，当你向着手心吹气的时候，你会感到凉快；当你对着手心哈气的时候，你就会觉得很温暖。这种现象还可以交替出现。比如说，冬天在室外，由于气温很低，手冻得很难受，这个时候就可以往手上呵气，会使手感到暖和些；当从锅里取出刚蒸好的馒头时，手会烫得难受，这时往手上吹气，就又觉得不太烫了。都是从自己的口里出来的气，为什么温度会截然相反呢？

答案

这是因为人口中的气体的温度要比裸露在外的手的皮肤的温度要高。所以，当我们向手中呵气时，嘴一般离手比较近，口中的热气流直接接触手心，手就会感到温暖。但是，向手心快速吹气时，气流出口会很快冷却，加之气流把手心的汗液迅速吹跑了，而液体的运动会带走热量，所以就会觉得凉快；同时，如果你快速地吹气的话，也会把附近的冷空气卷过来吹到了手心上，所以手心就觉得凉快。

煮不烂的黄豆

我国元朝的戏剧家关汉卿曾有句讲述自己性格的名言：“我是个蒸不烂、煮不熟、捶不扁、炒不爆、响当当的一粒铜豌豆。”由这句话可以看出来豌豆难以煮熟的程度。其实，不只是豌豆，就连我们平常喝豆浆时用的黄豆也是很难蒸熟、煮烂的。

你可以试着回想一下爸爸妈妈在家做豆浆的情景，黄豆是不是浸泡了一整夜，第二天才用豆浆机榨呢？而且，平常煮黄豆的话，也要比其他的豆子煮的时间更长才能煮熟。黄豆为什么这么难熟呢？我们可以先来做一个小实验。

首先，找来半根萝卜，把它的中心挖掉一部分，再倒进一点浓盐水。过几个小时后，你再看看这个萝卜，你会发现被挖掉的那部分里盛满了盐水。这是因为盐水的腌渍，让萝卜里的水渗透了出来。在这个实验过程中，因为有盐，你会发现萝卜出水特别简单。

但是，如果你用盐水来煮黄豆，只会让黄豆越煮越难熟。你可以尝试一下，会发现用加盐的水煮黄豆，比清水煮黄豆要花费更多的时间。同样都是盐水，为什么用来煮黄豆就这么难熟呢？

首先，我们来看一下干黄豆的构造。干黄豆中的水分很少，而黄豆外面的那层皮则相当于一个半透膜。当黄豆浸到清水中去煮的时候，就会发生渗透现象，结果会导致清水中的水分子穿过黄豆皮进到了黄豆里面，使黄豆变胖了。黄豆只有充分浸胖以后，再经过一段时间煮，黄豆的细胞才会被胀破，使豆子煮烂。

但是，如果在煮黄豆的时候，盐加得太早，黄豆就会浸在盐水中。由于盐水的浓度比起清水来说浓了很多，这样一来，水就很不容易再往黄豆中渗透了。如果加的盐比较多，盐水的浓度甚至超过了黄豆中的浓度，这样，水就不但进不去，甚至还可能从稍稍变胖的黄豆中“钻”出来。黄豆中没有了足够的水分，难怪黄豆就煮来煮去煮不烂了。

蚂蚁为什么不会迷路

说起自然界中常见的蚂蚁，它们可真是太小了！人一不留心就可能一脚灭了它的全族。不过，或许是因为蚂蚁体积小，所以它们过的是群居生活，一起找食物、一起出动。因此，在晴朗暖和的天气里，人们经常可以看到成群结队的蚂蚁一起外出很远去寻找食物。然而，从很远的地方回到自己家中可不是一件简单的事情，尤其对这些小小的蚂蚁来说，可能更是难上加难。但是，这些蚂蚁却不会迷路。无论多远，它们都能拖着食物一起回去。那么，蚂蚁究竟是如何找到回家的路的呢？我们可以通过实验来找到答案。

这个实验共有三部分，依次从蚂蚁的触觉、视觉和遗留的气味这三个方向出发，来寻找蚂蚁辨别方向的方法。

首先，在室外选择一只正在回巢的蚂蚁，你将它拾起来后，用镊子将其触角去掉，然后再把它放回到原地，看它是否仍然能跟着队伍回巢。

其次，你可以选择一队正在回巢途中的蚂蚁，用一个围屏把它们圈住，再用一块平板盖在围屏的上方，将平板放得很低，使它们不能看到天空和周围的景物，看它们是否能找到回家的路。

最后，当你看到一队蚂蚁回程的时候，在蚂蚁爬过的路面上，用手指蘸着气味比较重的液体，在上面横画一条线，破坏连续的气味，看看蚂蚁是否在返回时是利用气味来辨认道路的。

通过上述实验，你发现蚂蚁是用什么来辨别方向的呢？

通过上述实验，我们可以发现，蚂蚁是通过辨识周围的景物和气味来辨别方向的。

要知道，蚂蚁的视觉非常敏锐，不但陆地上的景物会被蚂蚁用来认路，而且太阳的位置和蓝天上照射下来的日光，都能被蚂蚁用来作为辨认回巢的参照。此外，有些蚂蚁在它们爬过的地上留下一种气味，在返回时只要追寻着这种气味，就不会误入歧途。也有的蚂蚁虽然不会在爬过的路上留下什么特殊的气味，但是它们能够记住往返道路上的天然气味，所以也不会迷路。

巧妙辨衣料

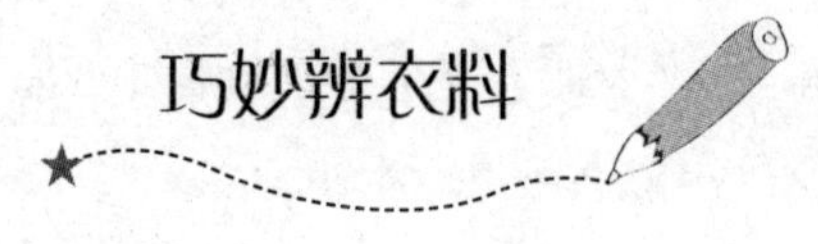

肖特和妈妈一起去逛街买衣服。当走到一家内衣店的时候，肖

特试了一套睡衣睡裤，特别合身好看，就想让妈妈给他买下来。但是，当妈妈摸了摸衣服的料子后，就对肖特说："这件衣服不是纯棉的，直接贴身穿不舒服，我们再逛逛其他内衣店。"

而后，肖特又和妈妈去了另外一家店，试了同样款式的一套睡衣，感觉很柔软。妈妈说这是因为这套衣服是纯棉制成的，所以才会觉得舒服。肖特非常佩服妈妈，觉得她只用手摸，就能知道什么衣服好，什么衣服不好。当妈妈知道肖特的想法后，就哈哈大笑着说："你想知道辨别衣料的方法吗？我可以教你。"

回家后，妈妈就找来了几件不穿的衣服，从上面抽出了几条经纬线，再用火柴点燃，让肖特观察其灰烬的特点，并闻其气味，来判断这是什么材料。等做完这些后，妈妈还说，你知道了它们是什么料子，再多摸几次，或者多买几次衣服，想要辨别衣服料子就不难了。

你能自己找几种布料做一下这个实验，并说出各种衣料有何特点吗？

生活中最常见的布料有锦纶、的确良（涤纶）、丙纶、棉布、毛织品等，所以我们就来说一下它们的特点。

如果纤维在点燃后边熔融边徐徐燃烧，灰烬以呈亮棕色硬玻璃状，并有呛鼻子的特殊气味，这就说明这是锦纶（尼龙）织品了。这是因为锦纶的化学成分是聚酰胺，其灰烬为亮棕色硬玻璃状，受热后又会分解出特殊的氨化物气体。

如果纤维在燃烧时冒黑烟，灰烬呈黑褐色玻璃球状，同时又会分解出具有芳烃气味的气体，就是“的确良（涤纶）”了，因为它的化学成分是聚酯，里面有对本二甲酸乙二酯。

要是布料的纤维燃烧后没有灰烬，而且燃烧的残留部分呈现透明球状，同时又会出现一股明显的石蜡燃烧气味，则是含有聚丙烯的丙纶织品。

如果是棉布这种天然的纤维织品的话，那么，在被点燃的时候是很容易燃烧的，灰烬会呈现灰色，而且量比较少，质地还很柔软，并有一种燃烧纸的气味。

如果是毛织品纤维的话，在燃烧的时候呈熔化状收缩，燃烧缓慢，灰烬呈黑色且具有脆性，燃烧时又会放出一股较为强烈的烧焦毛似的气味。

星星为什么会一闪一闪的

“一闪一闪亮晶晶，满天都是小星星。挂在天上放光明，好像许多小眼睛。”随着《爸爸去哪儿》的热播，这首著名的儿歌《小星星》再一次被广大观众传唱。然而，随着科技的发展，大家都知道，那些一闪一闪的星星其实都是一个个类似于地球一样的星球，本身是不会发光的。那么，为什么人们在地球上看星星的时候，却觉得那些星星都在闪闪发光呢？

关于这个问题，我们可以通过一个小实验来解释一下。你先准备一只手电筒、一大张铝箔和一个大号的圆形玻璃缸。然后，你把铝箔纸剪开，一定要剪得比玻璃缸大。剪完后，你可以用手在铝箔纸上捏出褶子来，然后再展开放平在桌子上。不过，也不要把铝箔纸展开得过于平整了，还是有些褶皱比较好。接着，你可以把玻璃缸放在铝箔纸的上面，并往玻璃缸里倒入一半左右的水。

好了！现在，你可以关掉房间的照明灯了。是不是觉得房间一团漆黑呢？没关系，你打开手电筒，在距离玻璃缸高 30 厘米的地方用手电筒照射水面，并观察平静的水面底下铝箔纸的情况。接着，你可以一面继续用手电筒照射水面，一面用筷子轻拍水面，然后通过摇晃的水面观察铝箔纸的情况。注意，在这两个不同的观察过程中，你一定要集中注意力，因为这个实验产生的结果相差不是很大，你只有很认真地观察才能发现不同。

你会看到什么呢？是不是发现铝箔纸反射过来的光，在摇晃时比平静时要暗一些呢？那么，你能解释为什么会这样吗？

在这个实验中，铝箔纸原本是没有光亮的。但是，当手电筒的光照射水面时，光在水表面上发生了折射现象，一部分光线向下照在铝箔纸上导致铝箔纸反射了光，才会看起来像铝箔

纸本身发了光一样。

天上的星星也是这样的原理。由于地球被厚厚的大气层和空气包围着，而这些空气又在不断地运动，所以导致星光在通过空气层时被多次折射，等传到人类眼中，就会忽左忽右、忽明忽暗了。如果到地球外去看星星，比如说在宇宙飞船上看星星，就不是这样了。因为那里没有使光产生折射的物质，因此星星也就不会闪烁了。

Part 10

有趣的生活实验：来自于身边的点滴启示

历史上的“江南四大才子”之一唐寅有一句诗，叫“柴米油盐酱醋茶，琴棋书画诗酒花”。这句诗描绘了自古以来老百姓们在日常生活中所必须的物品以及他们的精神生活。然而，你能想到吗？这些看似简单却必不可少的生活物品如果稍微组合一下，就能展现一个完全意想不到的世界和效果。下面我们从身边的点滴出发，去看看其中隐藏着什么有趣的创新点子吧！

彩色喷泉

喷泉指的是喷出地面的水，后来，人们发现这一景观非常美丽，就研究了喷泉能喷出水的原理，人工制造了很多喷泉。这些人工喷泉形成了一种明朗活泼的气氛，会给人以美的享受；同时，喷泉还可以增加空气中的负离子含量，起到净化空气、增加空气湿度的作用，因此深受人们的喜爱。

人们还发现，有些人工喷泉还会形成各种各样的图案，还会有颜色和音乐。比如，世界上最大的迪拜音乐喷泉，最高可以喷到 150 米。随着喷泉的喷射，还伴随着阿拉伯以及世界各地的歌曲，随着音乐的不同，喷泉喷出来的舞姿也不同，一会像一群苗条少女翩翩起舞，一会像一列武士整齐划一，十分美观。那么，这些人工喷泉是根据什么原理修建出来的呢？

在解释这个问题之前，我们先来做个实验，方便理解。先准备两个敞口的玻璃瓶以及一个带有盖子的罐头瓶子，再准备两根吸管，还有适量的经水彩颜料染过色的水，最后再找一点橡皮泥（口香糖也可以）、一把锤子、一枚钉子和一个盒子。准备好这些东西后，就可以开始了。

先用锤子和钉子在瓶盖两侧对着各钻一个洞，然后把两根吸管分别插进这两个洞里，再用橡皮泥或者口香糖将吸管固定起来。接着，在两个玻璃瓶中各加入半瓶染了色的水，把准备好的瓶盖盖在其中一个玻璃瓶上，让一根吸管伸在玻璃瓶外，另一根浸入水中。然后，再把其中一个装有水的敞口玻璃瓶放到盒子上面，把另一个装有水的敞口玻璃瓶紧靠着放在盒子旁边。把密封的瓶子翻转一下，像图中所示的那样把它倒置在另外两个玻璃瓶之上，你就会看到密封的玻璃瓶中出现了一股喷泉。

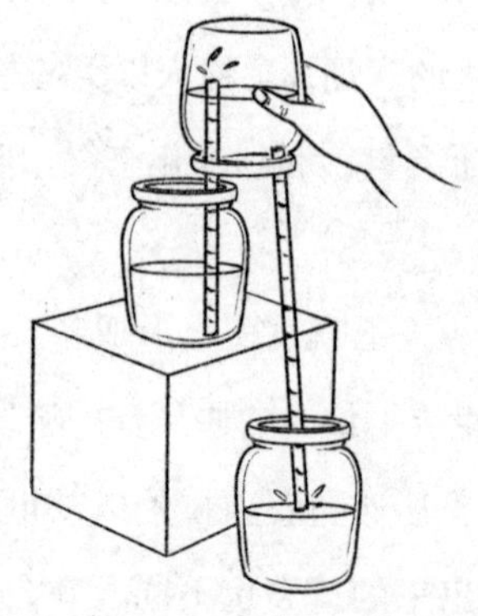

原来，当你把玻璃瓶翻转过来的时候，瓶子里的一部分水和空气通过两根吸管排到空气中。这样一来，在水面的上方就形成了一个真空（没有空气的空间），放在盒子上面的玻璃瓶里的水就会通过吸管升到被密封起来的玻璃瓶中。

温泉以及人工温泉的原理也是如此。在人工喷泉中，会设置两个管道，其中一个管道比较大，一个管道比较小。水流从大半径管道到小半径管道的过程中，会产生一个速度的变化，冲向地面的上方。这就是人们看到的喷泉了。值得一提的是，喷泉还是一个能量守恒的设施，喷洒出来的水在重力作用下降落后，又会循环使用，不会浪费水。

把热气“包”起来

不知道大家有没有见过热水袋呢？不是现在市面上常见的充电加热式的暖手宝之类的东西，它是一个扁长方形的橡胶袋子，里面灌入滚烫的热水，放进被窝，可以取暖一整夜。有人可能会觉得这个东西的效果有那么好吗？一个橡胶袋子中灌入热水，怎么可能有那么长时间的保温效果呢？大家的疑惑不是没有根据，有实验证明，完全相同的一个热水袋，如果外部被包裹的东西不同，最后的保温效果就不一样。如果不清楚的话，我们就来做个实验验证一下吧。

在实验之前，先准备好以下几样东西：三个一模一样的热水袋（如果没有热水袋的话，找三个带有盖子的干净的空玻璃瓶也可以）、一条厚厚的羊毛围巾、一些报纸、一个空鞋盒（鞋盒高度必须与热水袋、玻璃瓶的高度一致)、适量的热水，还有一个温度计。

准备好东西后，你就在这三个热水袋中都注满热水，并拧紧盖子。然后，用那条厚厚的羊毛围巾把其中一个热水袋包裹起来；第二个热水袋什么也不做，直接放在桌子上；把第三个热水袋放进空鞋盒中，并在热水袋的周围，即鞋盒的空白地方都塞满报纸。做好这些工作后，你就找一个凉爽的地方，将这三个“装扮”好的热水袋放在那里，大约搁置 30 分钟就可以了。当时间到了后，你再去打开热水袋的盖子，用温度计去测量一下每个热水袋里的水的温度。你会发现什么呢?

用温度计测量一下水温，你会发现，被羊毛围巾和报纸裹起来的热水袋里的水温要高一点儿。说明这两个热水袋中的水没有另一个热水袋中的水冷却得快。

之所以会出现上述情况，是因为被羊毛围巾和报纸裹起来的热水袋周围的空气不能流动，就构成了一个绝热层，从而延缓了水在寒冷的室外空气中的冷却速度。根据热量传递原理，因为热量总是从温度较高的地方流向温度较低的地方，我们通常会采取绝热措施来减少由于温差（如寒冷的室外空气和温暖的室内空气之间的温差）而引起的热流。比如我们平常盖的厚被子，就可以起到很好的绝热作用。

暖水瓶的工作原理

不知道你有没有见过暖水壶这种家用物品呢？不是现在家家户户使用的电水壶，而是具有保温作用的暖瓶。如果你没有见过的话，那在《炊事班的故事》《我爱我家》等影视剧中可以见到。如果你观察过暖水瓶的话，你会发现它的内胆是一个通体亮白的物体，外面被罩了一个五颜六色的壳子。你知道这个内胆为什么是通体亮白的吗？

如果你还是对暖水瓶没什么印象的话，也回答不上来这个问题，可以自己先制作一个暖水瓶。

需要准备的东西：一个喝水用的玻璃杯、一个带有盖子的小玻璃瓶、一个带有盖子的大玻璃瓶、充足的热水、一个软木塞、一些铝箔纸和透明胶带。

第一，先用两层铝箔纸把那个带盖子的小玻璃瓶包裹起来，并将铝箔发亮的一面朝着玻璃瓶，再用透明胶带把铝箔固定住；第二，在玻璃杯和被包裹起来的小玻璃瓶中倒入热水，而后给小玻璃瓶盖上盖子；第三，把软木塞放进带盖子的大玻璃瓶中，把小玻璃瓶放在软木塞的上面，给大玻璃瓶盖上盖子；第四，等大约 10 分钟过后，把小玻璃瓶取出来，顺便测量一下玻璃瓶里的水温。再把这个温度和没盖盖子的玻璃杯里的水温比较一下，你会发现什么呢？

不出意外的话，你将看到“保温瓶”里水的温度比玻璃杯中水的温度高得多。那么，你能说明白这是为什么吗？

这是因为大玻璃杯里的空气和软木塞是热的不良导体，能够阻隔小玻璃瓶内的水和外部空气之间的热对流，不让小玻璃瓶内的温度散出去。

暖水瓶的工作原理也是如此。暖水瓶的中间为双层的玻璃瓶胆，两层瓶胆之间的空气被抽去，形成真空，真空状态可以避免传热和对流；瓶胆内外镀有银白色发亮的物质，就像包裹在小玻璃瓶外部的两层铝箔纸一样，能够减少热辐射；而且，玻璃本身又是热的不良导体，所以，暖水瓶中的水可以保持很长时间的热度。

暖水瓶不仅有保温的作用，也有保冷的功效。工作原理都一样，都是形成真空，隔绝了外部的热传导，将温度保留的时间更长。

迷你型的“伊格鲁”

你听说过“伊格鲁”吗？这是极寒之地的人——因纽特人居住的房屋的名字。

因纽特人生活在北极圈内，那里千百年来冰雪不断，温度常年在零度以下。所以，当地人就地取材，制作了一座座完全用冰雪建造的房子。可别小看冰雪之屋，不仅能遮风挡雪，而且里面也非常暖和，还能生活取暖、做饭，一点儿也不妨碍生活。可是，既然是冰雪修建的房屋，难道不是应该更冷吗？而且，在冰屋里面生活取暖，房屋难道不会融化吗？因纽特人要怎么才能在里面生活呢？

当你产生这些疑问的时候，就说明你不是很了解“伊格鲁”房屋的特点了。没关系，我们可以来自制一个迷你型的伊格鲁房屋，来验证一下这座冰雪小屋是否可以保暖。

做这个实验当然需要在一个下雪的季节了。当下雪后，你可以在花园里或者阳台上用雪做一个圆顶型的小洞穴。记住，顶部一定要是圆形的，不能是方的哟！做好后，你就可以把一小截蜡烛放在里面，并点燃蜡烛，一个迷你型的“伊格鲁”就这样做成了。是不是很简单呢？这个蜡烛燃烧的火焰与屋顶之间的距离要足够大才可以，不然这个小冰屋就会融化了。这个时候，你拿温度计去小冰屋里面测量一下温度，你会发现和外面的温度确实有差别。

这就是“伊格鲁”房屋的特点了。你知道是什么原因吗？

答案

“伊格鲁”房屋是由冰雪建成的圆顶小屋，而圆形是能接受到太阳光的最大面积，而冰雪具有反射作用，如此一来，就能够最大程度上反射掉太阳照射下来的75%的光和热。由于室外的温度很低，所以“伊格鲁”在很长时间内都是不会融化的。从内部来看，只要伊格鲁房屋建造得足够高，因纽特人用动物脂肪作为燃料，不仅可以提供室内所需要的光和热量，也不会让房屋融化。

不用冰箱做的冰激凌

提起冰激凌，就会让人忍不住流口水。要知道，不论冬天还是夏天，它可是众多男孩女孩的最爱啊！不过，一说起如何做冰激凌，大家想到的肯定是冰柜、冰箱等东西了，不然如何做出冰激凌呢？

然而，你知道吗？不用冰箱也能做冰激凌，我们这就来做个试验。

准备一汤匙可可粉、两汤匙牛奶、一汤匙奶油、一些小冰块，再找来一个碗、一个玻璃杯、一些食盐和一块餐巾布。准备好这些东西和器具后，就可以把可可粉、牛奶和奶油倒进玻璃杯中了，然后搅拌均匀后，再把小冰块放进碗里。这时，把装有可可粉、牛奶和奶油的混合物的玻璃杯放在碗中的冰块的上面。同时，在碗的周围再加上一层冰块，并在冰块上撒上大量的食盐，把餐巾布罩在碗上就可以了。

最后，你把碗放在一个凉爽的地方搁置1个小时，每隔5分钟搅拌一下杯子里的东西。你会发现，你的可可粉、牛奶和奶油的混合物冻成了一份美味的冰激凌。

请问，你知道这是怎么一回事吗？

在碗的周围加上冰块，并用餐巾布盖在碗上，是为了防止外面的热量进入碗里。因为冰块上撒上了食盐，当食盐和冰块混合在一起的时候，冰块就会融化。冰块的融化还需要一定的热量，这个热量就来自于你搅拌好的可可粉、牛奶和奶油的混合物。等冰块吸取了搅拌物的热量，这些混合物的温度在冰块的包围下就会下降得非常厉害了，最后冻结成冰，形成冰激凌。

橙子上的四季

很多人都喜欢吃橙子。橙子可以补充维生素，是一种对人体非常有益的水果。然而今天，我们要告诉你的是如何用橙子演绎四季的变化。

准备的东西如下：一个橙子、一根用来烤羊肉串的铁签子、一个没有灯罩的电灯、一张纸或者一块硬纸板、一支蜡笔。

东西准备好后，就开始实验了。首先要说明的是，在这个实验中，橙子是我们的地球，铁签就是地球的地轴，而那个没有灯罩的电灯就是太阳了。地球上有一条赤道划分南北，所以，我们应该用蜡笔在橙子上画一条赤道作为南北半球的分界线，然后再把橙子穿在铁签上。一个简易的地球仪就做好了。

接着，在纸上或者硬纸板上画一个椭圆，这个椭圆就是地球绕日公转的公转轨道了。而后，在椭圆上画四个方位基点，分别是东、西、南、北。画好后，就把电灯放在椭圆中央的四个方位的交叉点上，然后手持铁签，让铁签和铁签上的橙子与纸面保持垂直，然后沿着椭圆线朝着四个方向移动铁签。在移动铁签的过程中，你要仔细观察光是怎样落到橙子上的。同时，要注意适当倾斜铁签（即地轴）并朝着四个方向移动，但是不要改变铁签的倾斜角度。

你会发现，当铁签（地轴）垂直于地面时，光总是照在同一个位置（赤道）上。当铁签有了一个倾斜角度时，光就会落在不同的位置上。此外，一些部位的光是垂直射入的，还有一些部位的光是倾斜照射的。你知道为什么会这样吗？

之所以会这样，是因为地球每年绕着太阳公转一次，每24个小时绕地轴自转一次。公转轨道呈椭圆形。地轴有一个23.5度的倾角，正对着太阳的那些地区日照非常强烈，因为太阳光是垂直照射这些地区的；而斜对着太阳的那些地区得到的日照就比较弱，因为太阳光是倾斜照射的。在作为南、北半球分界线的赤道，太阳照射角接近直角，常年温度很高，是没有四季的现象的。因为地球是倾斜着围绕太阳旋转的，使得太阳光的直射以赤道为中心以南北回归线为界而南北移动，每年一次，循环不断形成四季。

但是，在人类居住的南、北半球的中纬度地带，一年中的气候就有着很大的差别。冬冷夏热，四季非常分明。北半球一月份的地日距离甚至比夏季时还小。当寒冷的冬季降临北半球时，南半球正在经历着炎热的夏季。反之，亦然。

由于南、北极上得到的太阳光永远是倾斜的，加上极地低气压的影响，这两个地方永远不会出现高温天气，因而也不会有四季。

关于蜡烛的实验

有一个谜题是这样的：家家户户都有它，一旦停电也不怕，从它身上能观察，物理化学奇变化。猜一个物品，你知道是什么吗？

很多人一看“停电也不怕”这句话，就知道是蜡烛了。可是，谜题中提到的“物理化学奇变化”是什么呢？原来，这是说蜡烛在燃烧时会产生很多变化与反应，我们可以从中学到很多化学、物理知识。不相信的话，就一起来看看吧。

从家里找一支完整的蜡烛，然后点燃它。你会有以下发现：当蜡烛在燃烧的时候，蜡油滴落了下来；火焰底部的颜色比较暗淡，呈现深蓝色，火焰中部则是深黑色，火焰顶端是明亮的黄色；当你拿着摩擦过的塑料尺子靠近火焰的时候，你会发现火焰发生了摆动；当蜡烛熄灭后，你会发现烛芯的周围凹陷了下去。

你能解释这些现象出现的原因吗？

蜡油滴落，说明燃烧让蜡烛由固体变成了液体，在重力作用下沿蜡烛向下流动；烛芯燃烧，是蜡油借着“毛细作用”渗

入了烛芯，在高温下发生了气化。在点蜡烛的时候，真正燃烧的其实是这种蜡气。因为蜡气是不完全燃烧的，所以生成了一些碳微粒，使得火焰底部的颜色最重，是深蓝色的，温度却最低。而由于火焰中部的蜡气燃烧最完全，温度比内层高，火焰的颜色比底部还要深，呈深黑色。到了火焰顶端，因为这里也存在着一部分碳的微粒，但它们在这里的高温下处于白炽状态，就散发出美丽的黄色，而且温度是最高的。

当塑料尺摩擦之后自身就带了电子，而气体在燃烧时产生的高温也导致原子发生电离（失去电子），火焰因此也带电了，两种带电的东西互相靠近，就会互相吸引，尺子会吸引到火焰，导致火焰上方的空气变得又热又不稳定，就会产生扭曲的图像了。

当蜡烛熄灭后，因为液化的蜡在低温下又变成了固体，所以体积就收缩，因此，烛芯的周围会略微凹陷下去。

比一比，谁更薄

很多人在吃烧烤、烤蛋糕的时候，都会用到铝箔纸。铝箔纸虽然也叫做“纸”，但是它其实有99%的成分是金属，只不过因为它很薄，所以被称为纸。那么，就有人好奇了，铝箔纸和标准纸（也就是我们日常写字用的纸）谁更薄呢？如何测量并比较两者的厚度呢？

其实，测量标准纸的厚度并不难：只要量出一叠纸的厚度，然后除以纸张数就可以了。举个例子，取一包重达80克的标准纸（一般内含500张），用尺子量出这包纸的厚度，然后把得出的数字乘以2，就能得出1000张纸的厚度了。然后让这个数字除以1000，就能得出每一张纸的厚度了。

那么，铝箔纸比标准纸薄还是厚呢？如果你凭直觉认为是“更薄”的话，那么恭喜你猜对了。至于是为什么，那就来看看吧。

不过，测量铝箔纸的时候就没有测量标准纸那么简单了。这是因为铝箔纸是成卷售卖的，所以它是卷起来的。假如现在有一卷30米长的铝箔纸，又给了你一根细绳，那你知道怎么测量出铝箔纸的厚度吗？

很简单，因为铝箔纸是成卷的，所以我们求出这卷纸有多少圈就好了。

先用细线将这卷铝箔纸卷一圈（如果想更精确的话，也可以绕2～3圈），并用记号笔在线上标出首尾的位置，然后把线拉直，测量出这两个记号之间的距离。打个比方，如果你测出一圈的长度大约11.5cm，这就说明这卷铝箔纸的外周长是11.5 ㎝，外半径则是11.5÷3.14÷2=1.83cm。接着，用同样的方法测量其内周长（即内芯纸管的周长），假设得出的数字是9.5cm，那么它的内半径就是9.5÷3.14÷2=1.51cm。所以，纸卷的厚度即为1.83−1.51=3.2 ㎜。

然后，将这卷铝箔纸完全展开，可知长度为30米，直径是3.36cm，它一圈的周长则是2×3.14×1.68=10.5cm。现在只要算出来这卷铝箔纸有多少圈就可以了。因为一圈的周长是10.5 ㎝，这卷铝箔纸共长30米（计算的时候记得换算单位），这卷铝箔纸一共有3000 / 10.5=286圈。所以，单张铝箔纸的厚度就是3.2/286=0.0112mm。与标准纸相比，铝箔纸的厚度竟然只有它的1/9，所以，铝箔纸更薄。

玻璃杯为什么会“流汗”

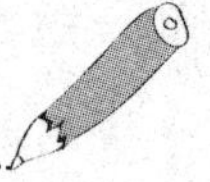

炎热的夏天，大斌和家门口的小伙伴们一起去附近的广场里踢球。大斌和小伙伴们热火朝天地踢了一个小时的球，他们本还想继续踢下去，但是天实在是太热了，大家伙都渴了，于是大家就散了。

大斌一回到家，就嚷嚷着热、渴，他妈妈看他那么热，就让他去洗澡。在大斌洗澡的时候，大斌的妈妈把已经晾好的白开水倒进了杯子中，还从冰箱中拿出了几个冰块放了进去。等大斌洗完澡出来，他就看到放在桌子上的水杯外面湿漉漉的。可是，不可能是有人弄撒了水啊！如果撒了水，妈妈一定会擦干净的，再说了，桌子上也没有水痕。难道是杯子裂开了，妈妈没看到吗？所以大斌就去问妈妈怎么回事。结果妈妈听了大斌的猜测，哈哈大笑，说道：“不是玻璃杯裂开了。你忘了你去超市买冰镇饮料喝时，那些瓶子从冰柜里拿出来没多久也会这样吗？”

“咦？说的是啊。那妈妈这是怎么一回事呢？”大斌不解地问道。

妈妈就详细地给大斌解了疑惑。亲爱的读者朋友们，你知道这是怎么一回事吗？

众所周知，我们生活中的物体都是固体、液体和气体这三种状态。这三种状态不是一成不变的，而是可以相互转化的。如果温度高了，液态的水就会变成气态的水蒸气；如果温度低了，气态的水蒸气也会重新变成液态的水。当温度低到零度以下，液态的水就会变成固体冰。在这个案例中提到的水、饮料、冰块就是经历了这样的变化。

首先，大斌的妈妈将凉白开倒在杯子里，这原本不会有什么变化。但是，大斌的妈妈将从冰箱里拿出来的冰块放进了玻璃杯中。由于冰块的温度很低，就导致玻璃杯周围的温度也变低了。所以，围绕在玻璃杯周围的空气随着温度的降低而发生液化，变成液态的水，附着在玻璃杯壁上，这就是玻璃杯“流汗”的原因。

自制汽水

在炎热的夏天，来一瓶冰镇汽水，瞬间就会让你“透心凉，心飞扬”。可是，我们经常会听到爸爸妈妈这样说：“不许喝那么多汽水，里面添加了色素、防腐剂，对身体不好。”汽水里面到底有什么呢？下面就来教大家自制汽水，这样就不用担心健康与卫生的问题了。

在制作汽水之前，先来了解一下什么是汽水。汽水汽水，顾名思义，就是一种带汽的饮料。这里所说的“汽”，一般指的是二氧化碳。也就是说，汽水就是由矿泉水或经过煮沸、紫外线照射消毒后的饮用水，加入一些添加剂充以二氧化碳制成的一种碳酸饮料。汽水中溶解的二氧化碳越多，质量越好。市场上销售的汽水，大约是1体积水中溶有1体积～4.5体积的二氧化碳。那么，我们要如何自制汽水呢？

首先，在家里准备一个洗刷干净的汽水瓶，并在瓶里加入占容积80%的冷开水，再加入白糖及少量果味香精，然后加入2克小苏打（即碳酸氢钠）。等到充分搅拌溶解后，迅速加入2克柠檬酸，并立即将瓶盖压紧，使生成的气体（小苏打和柠檬酸会生成二氧化碳）不能逸出来，而溶解在水里。然后，将瓶子放置在冰箱中冷藏。等过了一段时间取出后，打开瓶盖，就能听到“嘶”的一声放气的声音，我们的汽水就做好了。

那么，你能从汽水的制作材料和步骤上来说说看，为什么汽水能降温吗？

在这个实验中，有一个很关键的步骤，就是加入了小苏打

和柠檬酸。这是因为这二者的结合能生成二氧化碳，而二氧化碳从人体内排出时，可以带走人体的一些热量，因此喝汽水能解热消渴。

温度越低，溶解的二氧化碳就越多，比如说0℃时，二氧化碳的溶解度比20℃的大一倍。所以，当我们在喝冰镇汽水时，由于汽水的温度低，大量溶解在水中的二氧化碳气体要从体内排出来，就能带走更多的热量，更能降低身体的温度。但是，千万不要大量饮用冰镇汽水，以免对肠胃产生强烈的冷刺激。此外，饮用过量的汽水会冲淡胃液，降低胃液的消化能力和杀菌作用，影响食欲。所以，即使是自制的家庭汽水，也不能多喝。

能让小航船行驶的樟脑丸

在一个阳光和煦的天气，倩倩的妈妈将柜子里不用的被褥和不穿的衣物都拿了出来，让它们晒晒太阳。妈妈在晒衣服的时候，不小心带出了柜子里的一个樟脑丸，倩倩看见后十分好奇，就问妈妈这是什么。妈妈回答说这是防潮用的樟脑丸。倩倩的爸爸看见后，说道："你可别小看这小小的樟脑丸，不仅能防潮防虫，还能让小船航行呢！"

平常就喜爱做手工、做实验的倩倩自然不信，于是就缠着爸爸去用樟脑丸做实验了。

在爸爸的指导下，倩倩找来了一个乒乓球，将它剪成了三等分的样子，然后又修改了一番，大致做成了一个小船的模样。然后，倩倩又把船尾剪去一小块，并修平，之后从船尾中间剪出一条缝，大约剪至船身的3/5处。接着，倩倩取出一枚樟脑丸，将其敲成三份，放在乒乓小船中。做好这些后，倩倩和爸爸一起将船放入一大盆水中，让水能透过剪出的缝隙浸润到樟脑丸中。倩倩就看到乒乓小船自行往前走了，一直到樟脑丸完全溶解了，小船才停止。

倩倩看完这个游戏觉得十分惊奇，就问爸爸其中的原理是什么。倩倩的爸爸就解释给了倩倩听，那你知道樟脑丸为什么能让小船航行吗？

其实，并不是樟脑丸能让小船往前开，而是因为水的表面张力让小船往前开了。表面张力求的是液体表面任意两个相邻部分之间垂直于它们的单位长度分界线相互作用的拉力，与液体表面薄层内的分子的特殊受力状态有关。当樟脑丸溶于水中之后，那一部分的水的表面张力就大大减弱了，而另一端的水表面张力相对之下就强大得多，会把小船拉过去，所以看起来就像是小船自己开走了。

由于樟脑丸不断溶于水中，一边的表面张力越来越弱，而另一边的表面张力却越来越强，这就给了小船源源不断的“动力”，让它一直往前行驶，直到樟脑丸完全溶解为止，水的表面张力逐渐平衡，小船就静止不前了。

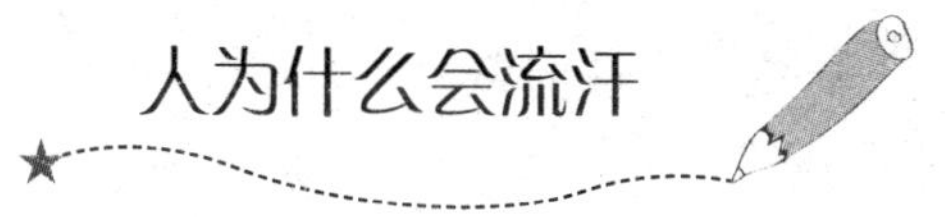

人为什么会流汗

夏天的时候天气炎热，人稍微去室外动一动就会出一身的汗，这是因为气候炎热而冒出来的汗。此外，也有因为自身的原因而流出的汗，比如说去健身房运动一番，或者是在操场上打一场球，也会让人大汗淋漓。但是，不管是气候的原因，还是自身运动的原因，只要人出汗了，身上必然会黏糊糊的，而且汗味也不大好闻。那么，汗液中到底有什么成分呢？人为什么又会流汗呢？

这是由汗液的构成决定的。汗液主要是由水（盐水）组成的，而蒸发则是在高温状态下进行，所以，当人体温度较高的时候，则需要靠蒸发出汗来调节体温，降低温度。汗水就相当于人体自带“空调”，可以排出体内的毒素，有利于人体的新陈代谢和身体健康。而出汗分为主动出汗和被动出汗。主动出汗大家都知道，在高温的夏天，很多人会出大量的汗，调节体温；被动出汗则是通过运动、物理等方式出汗。如果你不理解的话，我们可以通过一个非常简单的小实验来切身体验到这个原理。

取一些酒精、乙醚，或是其他挥发性强的液体，然后放几滴在脸上或是手臂上。不用抹开，滴上去就行。然后，你走到开着的电风扇前，或是自己对着滴有酒精的地方轻轻吹气，你就会感觉到一阵凉意。之所以会这样，就是因为酒精和乙醚挥发了，而挥发的时候可以带走热量，所以才会觉得凉。

除此之外，你还能在日常生活中找出哪些与出汗的原理相同的例子呢？

我们可以找来两个一模一样的瓶子，在里面装上温水，然后用湿布包裹住其中一瓶，接着把两个瓶子放在太阳底下。几分钟后，你会发现包着湿布的那个瓶子里的水凉得更快（即使这条湿布本身是热的）。这就和出汗的原理相同，都是因为水蒸发吸热了，才使瓶子变凉了。